奎文萃珍

安居金鏡

下册

［清］周南 吕臨 輯

文物出版社

安居金鏡卷五

周　南梅堂甫
丁宗濬靜波甫　仝輯

吳永年巽嶼甫鑒定

王惟諫司直甫參閱
薛　儁理齋甫
陸　煌檀甫甫　仝較

天機相宅秘奥

論宅外形

人之居處宜以大地山河爲主其來脉氣勢關人禍福最爲要切若大形不善總内形得法終不全

吉故論宅外形第一

凡宅左有流水謂之青龍右有長道謂之白虎前有汙池謂之朱雀後有邱陵謂之元武爲最貴地

凡宅東下西高富貴英豪前高後下絶無門戶後高前下多足牛馬

凡宅不居當衝口處不居寺廟不近祠社窰冶官衙不居草木不生處不居故軍營戰地不居正當水流處不居山脊衝處不居大城門口處不居獄門處不居百川口處

凡宅東有流水達江海吉東有大路貧北有大路
凶南有大路富貴
凡宅樹木皆欲向宅吉背宅凶
凡宅地形卯酉不足居之自如子午不足居之大
凶子丑不足居之口舌南北長東西狹吉東西
長南北狹初凶後吉
凡宅居滋潤光澤陽氣者吉乾燥無潤澤者凶
凡宅前低後高世出英豪前高後低長幼昏迷左
下右昻男子榮昌陽宅則吉陰宅不强右下左
高陰宅豐豪陽宅非吉主必奔逃兩新夾故死

須不住兩故夾新光顯宗親新故俱半陳粟朽

貫

凡宅或水路橋梁四面交衝使子孫怯弱主不吉

凡宅門前不許開新塘主絕無子謂之血盆照鏡

門稍遠可開月塘

凡宅門前不許人家壘箭來射主出子孫忤逆不

孝

凡宅門前不許見二三四尺紅白赤石主凶

凡宅屋後見拍脚山出淫婦通僧道

凡宅門前有探頭山四時防盜若在屋出軍賊之

人
凡宅屋後或有峻嶺路道或前衝後射主出軍賊之人
凡宅屋後不要絕尖尾地主絕人丁門前屋後方圓大吉
凡宅門前不要朝垂飛水反背者是也主出淫亂之婦
凡宅門前見水聲悲吟主退財
凡宅門前忌有雙池爲之哭字西頭有池爲白虎開口皆忌之

凡宅門前屋後見流淚水主眼疾

凡宅門前朝平圓山主吉

凡宅門前屋後溝渠水不可分八字及前後水出
主絕嗣敗財

凡宅并不可當大門主官訟

凡造屋切忌先築墻圍并外門主難成

凡大門門扇及兩畔墻壁須要大小一般左大主
換妻右大主孤寡大門抬柱小門六柱皆要着
地則吉門扇高於墻壁多主哭泣門口水坑家
破伶仃大樹當門主招天瘟墻頭衝門常被人

論交路夾門人口不存衆路相衝家無老翁門
被水射家散人啞神社對門常病時瘟門下水
出財物不聚門著井水家招邪鬼糞屋對門癰
癤常存水路衝門忤逆子孫倉口向門家退遭
瘟搗石門居宅出隸書門前直屋家無餘穀門
前垂楊非是吉祥巽方開門及隙穴開窗之類
並有災害東北開門多招恠異重重宅戶三門
莫相對必主門戶退

福元論

福元者何卽福德宮是也古人隱秘此訣謂之伏位蓋厥初太極生兩儀兩儀生四象四象生八卦故生八分東位西位乃兩儀之說分東四位西四位乃四象之說分乾坎艮震巽離坤兌乃八卦之說是皆天地大道造化自然之理若福元一錯則東四修西西四修東吉星反變爲凶星雖外形內形俱吉皆無用矣關係最大

福元說

天地間不過一陰陽五行律法易數互相表裏者律法以一百八十年爲一大周天第一甲子六十年爲上元第二甲子六十年爲中元第三甲子六十年爲下元此之謂三元配以洛書九宮八卦一年屬一宮洛書九戴履一左三右七二四爲肩六八爲足五獨居中配合流年一歲屬坎二歲屬坤迤次震三巽四中五乾六兌七艮八離九生人之年值何卦此卦卽爲福德宮男中五則寄坤宮女中五則寄艮宮此之謂八卦匪惟宅元起例在此

其婚元起例墾元起例皆不外此八卦九宮是八卦之名實在人生天福德不在居宅葢宅但可謂之八方不可謂之八卦若將宅名八卦則止有正南正北正東正西坎離震兌四卦乃四隅宅則世豈所常有而可名爲乾坤艮巽宅哉近世宅術無驗誤認宅爲八卦之病居多惟識生年福德爲八卦則震巽坎離福德爲東四位生人乾坤艮兌福德爲西四位生人東四位則修震巽坎離西四位則修乾坤艮兌而禍福永無差謬矣

三元甲子福德宮定局

康熙二十三年上元甲子男起一白坎女起中五寄艮

甲子男坎女中寄艮　乙丑男離女乾

丙寅男艮女兌　丁卯男兌女艮

戊辰男乾女離　己巳男中寄坤女坎

庚午男巽女坤　辛未男震女震

壬申男坤女巽　癸酉男坎女中寄艮

甲戌男離女乾　乙亥男艮女兌

丙子男兌女艮　丁丑男乾女離

戊寅男中寄坤女坎　己卯男巽女坤

庚辰男震女震　辛巳男坤女巽

壬午男坎女中寄艮　癸未男離女乾

甲申男艮女兌　乙酉男兌女艮

丙戌男乾女離　丁亥男中寄坤女坎

戊子男巽女坤　己丑男震女震

庚寅男坤女巽　辛卯男坎女中寄艮

壬辰男離女乾　癸巳男艮女兌

甲午男兌女艮　乙未男乾女離

丙申男中寄坤女坎　丁酉男巽女坤

戊戌男震女震　己亥男坤女巽

庚子男坎女中寄艮　辛丑男離女乾
壬寅男艮女兌　癸卯男兌女艮
甲辰男乾女離　乙巳男中寄坤女坎
丙午男巽女坤　丁未男震女震
戊申男坤女巽　己酉男坎女中寄艮
庚戌男離女乾　辛亥男艮女兌
壬子男兌女艮　癸丑男乾女離
甲寅男中寄坤女坎　乙卯男巽女坤
丙辰男震女震　丁巳男坤女巽
戊午男坎女中寄艮　己未男離女乾

庚申男艮女兌　辛酉男兌女艮

壬戌男乾女離　癸亥男中寄艮女坎

乾隆九年中元甲子 男起四綠巽 女起二黑坤

甲子男巽女坤
乙丑男震女震
丙寅男坤女巽
丁卯男坎女中寄艮
戊辰男離女乾
己巳男艮女兑
庚午男兑女艮
辛未男乾女離
壬申男中寄坤女坎
癸酉男巽女坤
甲戌男震女震
乙亥男坤女巽
丙子男坎女中寄艮
丁丑男離女乾
戊寅男艮女兑
乙卯男兑女艮
庚辰男乾女離
辛巳男中寄坤女坎

壬午男巽女坤　　癸未男震女震

甲申男坤女巽　　乙酉男坎女中寄艮

丙戌男離女乾　　丁亥男艮女兌

戊子男兌女艮　　己丑男乾女離

庚寅男中寄坤女坎　　辛卯男巽女坤

壬辰男震女震　　癸巳男坤女巽

甲午男坎女中寄艮　　乙未男離女乾

丙申男艮女兌　　丁酉男兌女艮

戊戌男乾女離　　己亥男中寄坤女坎

庚子男巽女坤　　辛丑男震女震

壬寅男坤女巽　癸卯男坎女中寄艮
甲辰男離女乾　乙巳男艮女兌
丙午男兌女艮　丁未男乾女離
戊申男中寄坤女坎　己酉男巽女坤
庚戌男震女震　辛亥男坤女巽
壬子男坎女中寄艮　癸丑男離女乾
甲寅男艮女兌　乙卯男兌女艮
丙辰男乾女離　丁巳男中寄坤女坎
戊午男巽女坤　己未男震女震
庚申男坤女巽　辛酉男坎女中寄艮

壬戌男離女乾　　癸亥男艮女兌

乾隆六十九年下元甲子男起七赤兌女起八白艮

甲子男兌女艮　乙丑男乾女離

丙寅男中寄坤女坎　丁卯男巽女坤

戊辰男震女震　己巳男坤女震

庚午男坎女中寄艮　辛未男離女乾

壬申男艮女兌　癸酉男兌女艮

甲戌男乾女離　乙亥男中寄坤女坎

丙子男巽女坤　丁丑男震女震

戊寅男坤女巽　己卯男坎女中寄艮

庚辰男離女乾　辛巳男艮女兌

壬午男兌女艮　癸未男乾女離

甲申男中寄坤女坎　乙酉男巽女坤

丙戌男震女震　丁亥男坤女巽

戊子男坎女中寄艮　己丑男離女乾

庚寅男艮女兌　辛卯男兌女艮

壬辰男乾女離　癸巳男中寄坤女坎

甲午男巽女坤　乙未男震女震

丙申男坤女巽　丁酉男坎女中寄艮

戊戌男離女乾　己亥男艮女兌

庚子男兌女艮　辛丑男乾女離

壬寅男中寄坤女坎　癸卯男巽女坤
甲辰男震女震　乙巳男坤女巽
丙午男坎女中寄艮　丁未男離女乾
戊申男艮女兌　己酉男兌女艮
庚戌男乾女離　辛亥男中寄坤女坎
壬子男巽女坤　癸丑男震女震
甲寅男坤女巽　乙卯男坎女中寄艮
丙辰男離女乾　丁巳男艮女兌
戊午男兌女艮　己未男乾女離
庚申男中寄坤女坎　辛酉男巽女坤

壬戌男震女震　癸亥男坤女巽
以上三元甲子一百八十年而周周而復始
自此千百萬世宅元福德起例皆倣此後
婚元起例載在今憲書
其訣云
上元男七女五宮　中元男一女二宮
下元男四女五宮　男逆女順見眞宗
五位男坤女艮宮

東四位宅圖說

福元在震巽坎離宮爲東四位生人其吉理俱在震巽坎離之方門所宜開路所宜行房樓所宜高大主人所宜居若誤用乾坤艮兌俱屬凶星是謂東四修西多不吉故著東四位宅圖

假如夫東四位生命而妻則西四位非如父子兄弟可分各院居也其居法當何如若住北房則夫居中間而妻居西間或東間乾艮皆宜若住南房則夫居東間中間而妻居西間坤其所宜若住東房則夫居南間中間而妻居北間艮

其所宜大抵夫婦福德不同則當以夫爲主耳

東四位坎宮生八

坎一宮爲正福德宮一切門房井灶等項皆從坎起　法曰　坎五天生延絕禍六

一定福元宜居南房東間上上吉東房南間上吉北房中間亦吉

一定宅宜住坐北向南上上吉坐南向北宅上吉坐西向東宅亦吉惟坐東向西宅不宜居不便修葢以乾兌坤俱不宜開門故也若用截路分房法亦可居

一定門宜走東南巽方巳字辰字生氣門上上吉

正北坎方福德門上吉正南離方延年門亦吉

一定宅中所行路宜由東方上吉

一定井宜在東南辰巳方長生位大吉

一定厨灶宜在東北甲寅字五鬼方大吉

一定碾磨宜在東北五鬼方正西禍害方大吉

一定牛馬欄宜在東南生炁方大吉

一定放水宜在甲乙巨門方　巨門水去來皆吉

坎宮尅應

坎命得巽方生氣來路灶向有五子得離延年有四子得震天醫有三子得坎方福德只有女犯絕命坤傷長子後絕嗣犯五鬼艮傷季子後有二子犯六煞乾傷長子後有一子犯兌禍害傷季子女而無子若改生炁方則又有子矣娶兌命妻主不和犯祿存土星雖無子而有壽

婚姻　宜配巽妻灶口宜向巽求婚宜灶口向離及安床於父母身床之離方分房來路修方同若配巽命妻有五子又和睦助夫成家

子息　得巽方來路灶口又與巽命妻相同皆得
生炁則有五子又富貴也
一坎命初年無子後添造東南方屋而生子五
人又見坎命人得巽命妻果得五子後老誤改
灶口向坤食之十年而子皆死
又見坎命婦配巽命夫生五子後年老夫已誤
改灶口向坤食八年子亦皆死
坎命人問師曰我坎命誤娶兌命妻犯禍害祿
存土又命犯孤當無子何法挽之師曰將大灶
火門改朝汝坎命之東南巽向得生炁當有五

子雖命犯孤亦當有子又將小灶或風爐另以
口朝乾向使妻得食乃妻命得生烝吉向亦當
有子其八從之後果生五子可見陽宅之灶口
方向能挽回造化神騐如此
疾病　一坎命妻犯脾泄而夫開飯店師過之夜
聞病聲師曰以小灶改向震天醫方與渠飲食
自愈店主曰老妻脾泄臥床半年數日不愈食
將危難救師曰新灶試煮湯灌之及飲半杯病
婦曰香甜好藥也旬餘而痊葢其灶口向坤絕
命故患脾泄師以新灶改向震方天醫也

災禍　一坎命人犯坤方老母不慈妻妾不和又妻妾得痢傷母妻子女老婢絕嗣若犯兌方必自生惱怒弔縊刀傷夫妻不睦而見三光火光血光淚光傷妻及婢女又有西方圓面女人唆訟破財如無必有瘋狂瘖瘂癆噎諸病

一坎命婦食向兌禍害灶口三年上吊十餘次幸來路吉故屢得救後改灶口向東南巽則永不吊若夫命不利巽方者又不可耳故夫妻二命各東西者宜以夫命定灶口吉向而外以床房廁各爻救妻可也人問師曰有東命妻病接

丈母來家看妻不知分房之方而其病反凶師
曰命改爻母房在西方而妻在丈母之東方尺
地或丈基便得分房之吉矣其人從之又添吉
向灶口與妻食果痊坎命犯乾六煞受爻兄責
辱又爻老大子不孝老僕不仁刀傷自縊傷長
子妻女皆癆死
一坎命修造乾方大門週年後果有過路老人
死此門下而敗是以誤修六煞者皆有人命訟
事若坎命婦人犯此常被翁夫責詈坎命犯艮
方先傷季子繼傷小僕妻妾失財失賊五次奴

僕逃走而有火災也

東四位離宮生八

離九宮爲正福德宮一切門房井灶等項皆從離起　法曰　離六五絕延禍生天

一定福元宜居南房東間東房南間俱上上吉北房中間亦吉

一定宅宜住坐北向南宅上上吉坐南向北宅上吉坐西向東宅亦吉惟坐東向西宅不宜居

一定門宜走東南巽方巳字天乙門上上吉正北坎方壬字延年門上吉東方甲卯乙字生炁門大吉

一定宅中所行路宜由東方上吉

一定井宜在正東卯字方長生位大吉

一定厨灶宜在東北甲寅字禍害方大吉

一定碾磨宜在正西五鬼方東方禍害方大吉

一定牛馬房宜在正東生炁方大吉

一定放水避忌陰水只宜在乾破軍方

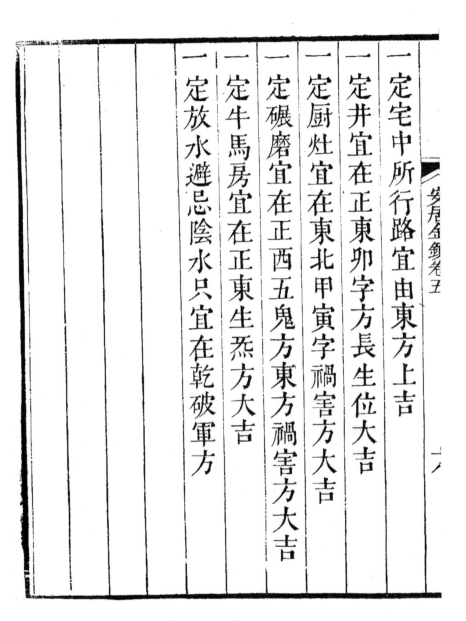

離宮尅應

離命得震來路灶口有五子得坎延年有四子得巽天醫有三子犯乾絕命長子病噎絕嗣犯艮禍害先傷季子女後有二子犯坤六煞傷長子女後有一子犯絕命方灶口來路雖子在千里外亦應傷子絕嗣而自身亦不壽

婚姻　離命宜配震命妻巽坎次吉求婚宜安床坎方易成

子息　離命灶口向震有五子向乾絕嗣向坎四

子向巽三子

疾病　離命犯乾傷肺咳嗽吐血犯坤瘧痢脚腫犯兌肺腐咳嗽痰火心痛損目犯艮小腸魚口楊梅漏爛瘧痢對口俱依前法除病

災禍　離命犯乾天絕命又西北爭打破頭流血來路吉者不死傷父及長子大僕若婦命犯受翁打罵嫪夭犯坤主母炒鬧夫妻不和西南黃肥老婦唆訟破家傷母妻大子女媳若凶卦多而灶口又向坤父必自中毒藥婦犯之受翁責罵或有脚腫痛疾犯兌傷母妻妾季子女又妻

竊財小婢僕盜財逃走失賊又火災犯艮有東
北黃童爭訟破財又傷小女子婢僕

東四位震宮生人

震三宮爲正福德宮一切門房井灶等項皆從震起　法曰　震延生禍絕五天六

一定福元宜住東房南間南房東間俱上吉北房中間亦吉

一定宅宜住坐北向南巽方辰字門宅亦吉惟坐東向西宅不宜居

一定門宜走東南巽方延年門正北坎方天乙巨門俱上吉正南離門亦吉

一定宅中所行路宜由東方上吉

一定碾磨宜在西南禍害方西北五鬼方大吉

一定井宜在南生炁方大吉

一定厨灶宜在西方庚字上大吉

一定牛馬欄宜在南丙字長生位大吉

一定放水宜在西方辛字庚字上大吉

震宮尅應

震命得南方生炁來路灶口有五子巽延年有四坎天醫有三子震方福德只有女犯正西絕命先傷季子女痳痘癆嗽而絕犯艮六煞傷季子後有一子犯乾五鬼傷長子後有二子犯坤禍害先傷長子女而後絕嗣

婚姻　震命宜配離命妻巽坎次吉求婚宜安牀巽方則易成配兌妻或灶口向西主妻縊

子息　震命灶口向離必有五子若年老不能生者得向亦有奴僕五人或僱工五人僧道得向

亦有徒弟五人并可大得財又可喚子歸家
曾見一老人問師曰一子久客不歸有何法令
其歸否師爲之以灶座糞厠壓其人絶命方又
灶口朝生炁以招子歸家食之旬餘其子在外
夢見絳袍元冠灶神語曰汝父喚急何不早回
其子遂歸予效此法爲人喚子歸家雖螟蛉亦
驗也師曾爲人喚逃僕而以灶口朝主人生炁
方又以灶座壓主人五鬼方其僕卽來葢壓五
鬼方則僕不逃向生炁則僕自來也
一震命人年老無子抱一週歲巽命螟蛉取名

壓子至三歲時神附鄰巫語曰莫名壓子宜更名慶壽好其後老至百歲尚健坎震命卽巽延年有子而有壽也人問師曰孩瘡瘦夜哭何也師曰此分房灶口之誤也可將此東命子於父母身床之巽方尺基去臥則除分房之凶而反得吉又添一小灶以灶口向巽使乳母食之以除舊灶之凶其孩果安世之爲父者不知此法而誤子以吐瀉驚疳諸症悲哉若西命孩則宜於父母身床之西方去臥則吉而東則凶也灶口亦宜向西而令乳母食之吉予常勸友人醫

士習此法以治小兒痘疹之類十孩九活百無一失售此術者體

上帝好生之德廣人世嗣續之美在吾掌握間耳積陰德於冥冥俾昌後而增紀取利祿云乎哉

疾病　震命灶口犯兌向則咳嗽吐血傷肺臟膈諸症犯艮則楊梅漏毒脾胃瘧痢又生對口犯乾傷肺咳嗽吐血犯坤瘧痢瀉血

災禍　震命犯兌方季子不孝先傷季子女後傷長子末女小婢絕嗣又怒自縊若女犯此主癆

天思縊而有來路吉者有救犯艮有東北黃矮
人干連人命官非傷季子小僕犯乾方先傷老
父繼傷長子老僕又思自縊失賊又火災僕逃
犯坤方有西南方黃矮人唆訟破財又妻不和
老母不安寧兼傷母妻大女老婢

東四位巽宮生八

巽四宮爲正福德宮一切門房井灶等項皆從巽起　法曰　巽天五六禍生絕延

一定福元宜住東房南間南房東間俱上吉北房中間亦吉

一定宅宜住坐北向南巽門宅上上吉坐南向北坎門宅上吉坐西向東巽門宅亦吉惟坐東向西宅不宜居緊因開大門不便若用截路分房法亦可居

一定門宜走東南巽方巳字辰字福德門正北坎

門生炁門俱上吉正南離方天乙門亦吉

一定宅中所行路宜由東方上吉

一定碾磨宜在西南五鬼方西北禍害方大吉

一定井宜在北方長生位大吉

一定厨灶宜在西方庚字上大吉

一定牛馬房宜在正北生炁方上吉

一定放水宜在西方辛字庚字俱上吉南方丁字

亦可

巽宮尅應

巽命得正北生氣來路灶向有五子得坎分房修坎方亦同得震延年有四子得離天醫門床香火灶向有三子若得東南福德宮只有女

犯艮主瘡毒傷季子絕嗣犯兑主癆噎痳痘傷季子女而有一子犯坤傷長子女而有二子犯乾傷長子而終無子

婚姻　巽命人宜配坎命妻離震次吉求婚宜安床震方易成乾命妻自縊

子息　巽命灶口向坎有五子向巽只有女犯艮

傷季子小僕

疾病　巽命犯艮灶口生對口瘡小便瘡毒犯兌

肺嗽癆噎怒欲自縊犯乾肺嗽

災禍　巽命犯艮先傷季子後自病夭絕犯兌人

命官非傷季子女犯乾傷老父繼傷長子僕大

子不孝母妻癆死受父責辱又西北方圓面大

頭响喉人唆訟得勝傷財犯坤母妻竊財又母

鬧炒夫妻不和傷母妻及大子女媳老婢又失

賊婢僕逃去及災

坎宅離門穿宮貫井配卦布星全圖

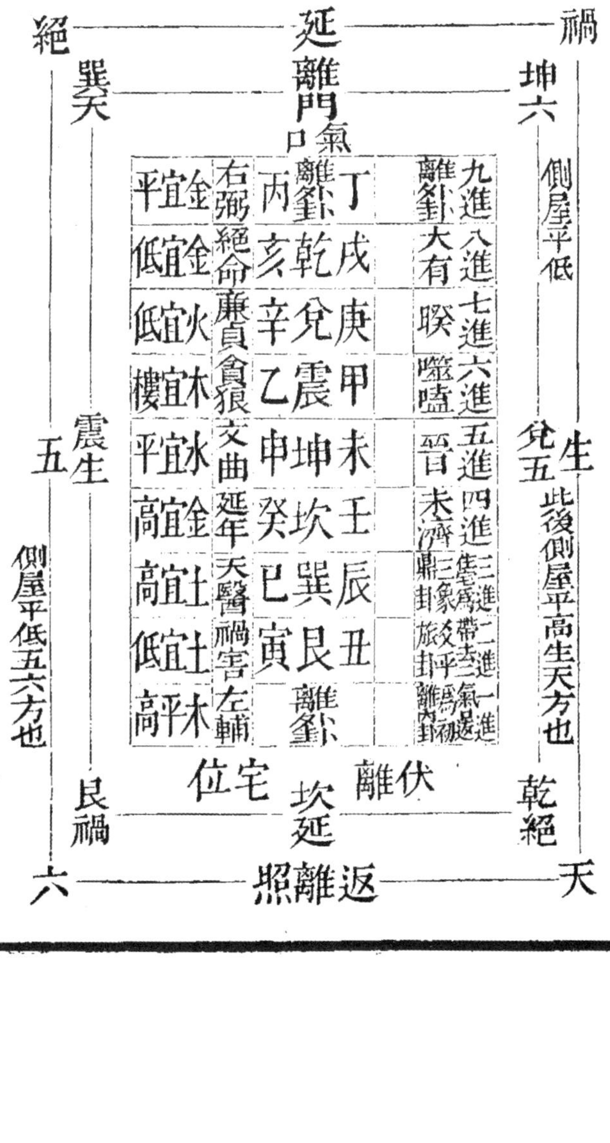

右全圖坐北朝南壬子癸三宅丙午丁三向俱裝離卦開離門謂之離宅卦爲一宅之體中包七子卦晉屋七層領附卦之七星合門外卦伏位內卦共屋九屋爲全離宅伏位輔居一旅卦禍居二鼎卦醫居三未濟延居四晉卦文居五噬嗑貪居六睽卦廉居七大有絕居八外門卦弼居九中門層次高下得宜不犯黃泉放水合法無沖射逼壓謂之吉宅旺一百二十年

離宅坎門穿宮貫井配卦布星全圖

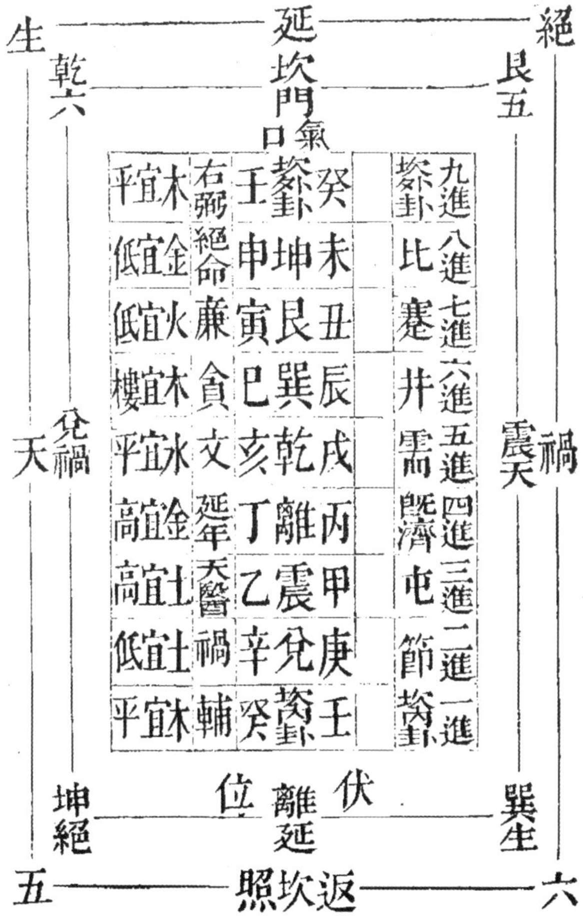

九進	坎卦	癸	坎卦	壬	右弼	木宜平
八進	比	未	坤	申	絕命	金宜低
七進	蹇	丑	艮	寅	廉	火宜低
六進	井	辰	巽	巳	貪	木宜樓
五進	需	戌	乾	亥	文	水宜平
四進	既濟	丙	離	丁	延年	金宜高
三進	屯	甲	震	乙	天醫	土宜高
二進	節	庚	兌	辛	禍	土宜低
一進	坎卦	壬	坎卦	癸	輔	木宜平

右全圖坐南朝北壬子癸三向皆裝坎卦開坎開卽坎宅以坎卦爲一宅之體中生七子卦晉屋七層領附卦之七星合門與伏位配左輔右弼共成九星八卦爲全局巧翻則坎內卦伏位輔一節卦禍二屯卦醫三旣濟延四需卦文五井卦貪六蹇卦廉七比卦絕八坎大門外卦弼九全爲坎宅內外高下得宜四無冲壓放水門路不犯黃泉大旺百餘年

震宅兌門穿宮貫井配卦布星全圖

六　絕　延

乾生　兌門口氣　坤天

九進 兌卦		庚	兌卦	辛	弼木	平高
八進 隨		甲	震	乙	絕金	低小
七進 革		丙	離	丁	廉火	低
六進 夬		戌	乾	亥	貪木	高樓
五進 大過		辰	巽	巳	文水	低
四進 咸		丑	艮	寅	延金	宜樓
三進 萃		未	坤	申	醫土	宜寬
二進 困		壬	坎	癸	禍土	宜平
一進 兌卦		庚	兌卦	辛	輔木	平高

五　坎禍　離五　禍

艮延　伏位　震絕　巽六

天　返照兌　生

右全圖坐東朝西庚酉辛三向皆裝兌卦開兌門即兌宅以兌卦爲一宅之體中包七子卦管屋七層領附卦之七星合門外兌卦伏位內兌卦共屋九層爲全宅伏位左輔木居一困卦禍居二萃卦醫居三咸卦延居四大過文居五夬卦貪居六革卦廉居七隨卦絕居八右弼居九中間層數高低得宜門戶放水合法入方如式四無冲射謂之吉宅旺一百二十年

巽宅乾門穿宮貫井配卦布星全圖

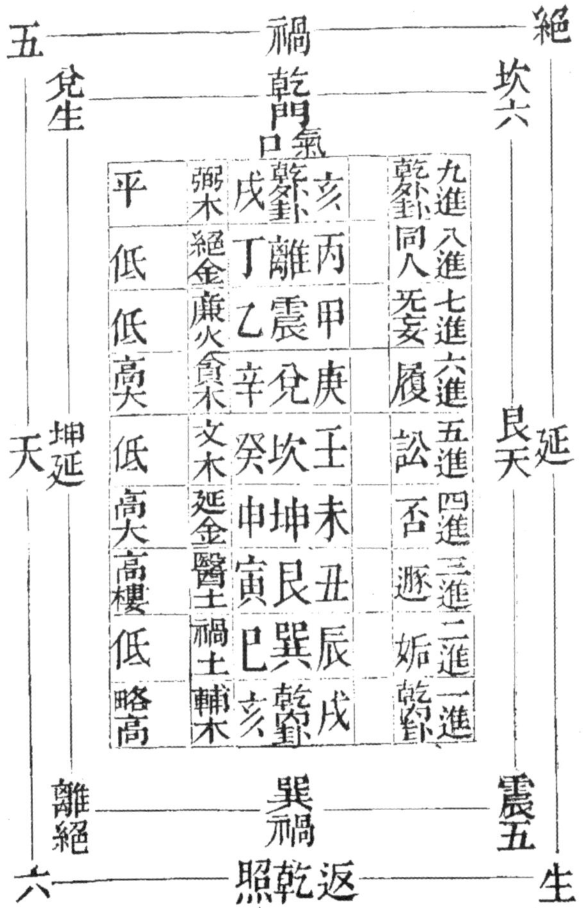

九進	乾卦	亥	乾卦	戌	弼木	平
八進	同人	丙	離	丁	絶金	低
七進	无妄	甲	震	乙	廉火	低
六進	履	庚	兌	辛	貪木	高大
五進	訟	壬	坎	癸	文木	低
四進	否	未	坤	申	延金	高大
三進	遯	丑	艮	寅	醫土	高樓
二進	姤	辰	巽	巳	禍土	低
一進	乾卦	戌	乾卦	亥	輔木	略高

右全圖坐東南朝西北戌乾亥三向乾門裝乾卦爲一宅之體中生七子卦層屋七進以附卦之星穿貫于七進屋内錯綜分高下由内而外名曰貫井卽巧翻八卦之義也乾内卦伏位輔居一變内卦初爻爲姤禍居二變中爻爲遁卦醫居三變上爻爲否卦延居四再變中爻爲訟卦文居五再變初爻爲履卦貪居六再變中爻爲无妄卦廉居七再復變上爻爲同人卦絕居八乾外卦弼居九此八卦九星合局之義備矣内外高下得宜四無冲壓不犯黃泉氣旺一百

五六十年

若欲少層數從絕廉減起可減至五四三層止

年久屋運衰而歇若重修新屋運謂之宅老接

氣仍可復旺矣

坐西向東巽門宅截路分房要緊

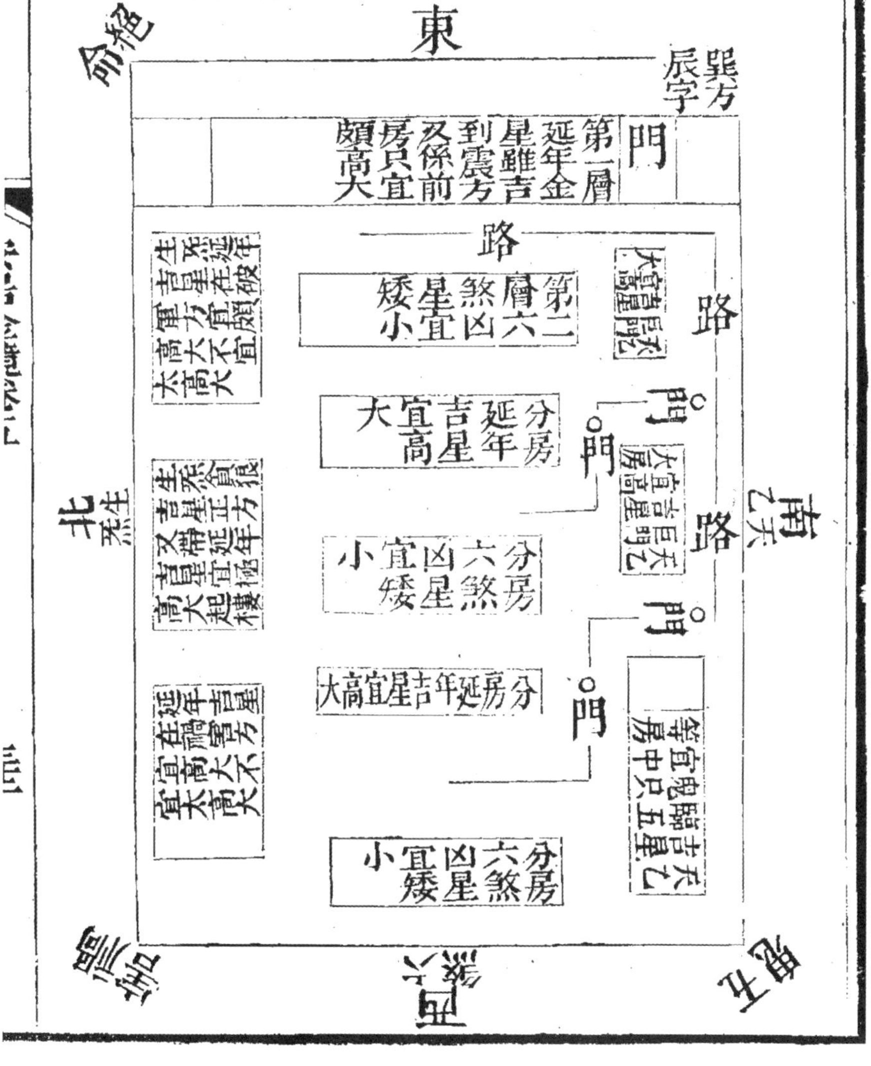

坐東向西宅東四位正大乾兌坤門俱不宜本難修蓋權宜造法如左

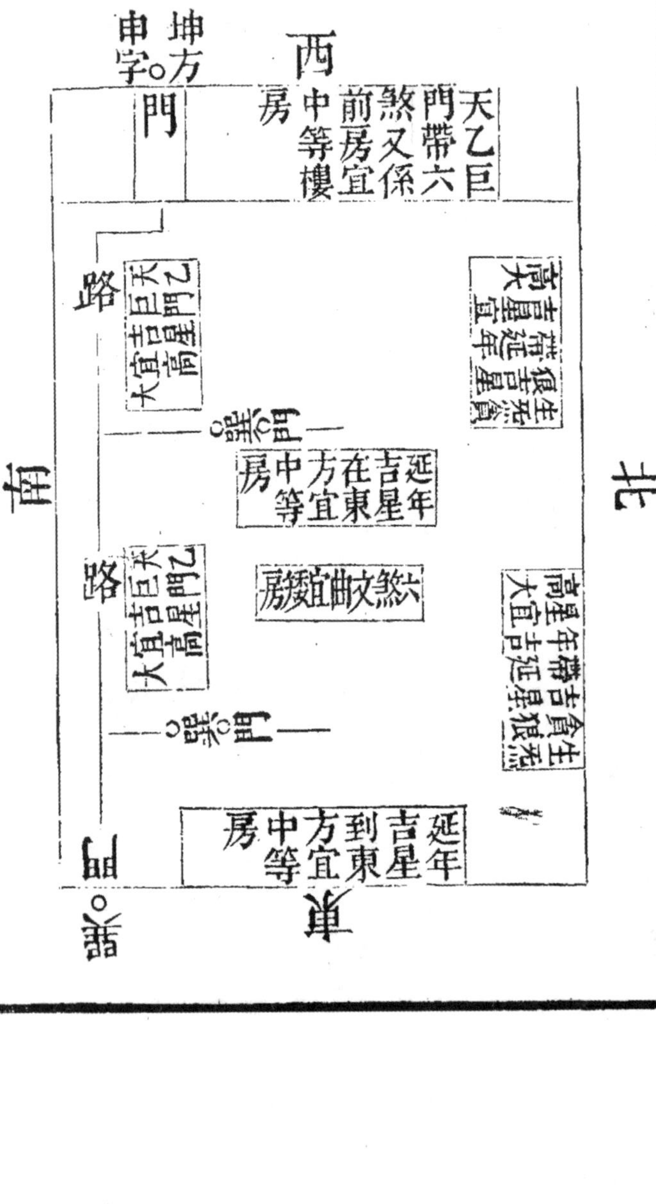

坐北向南巽門宅

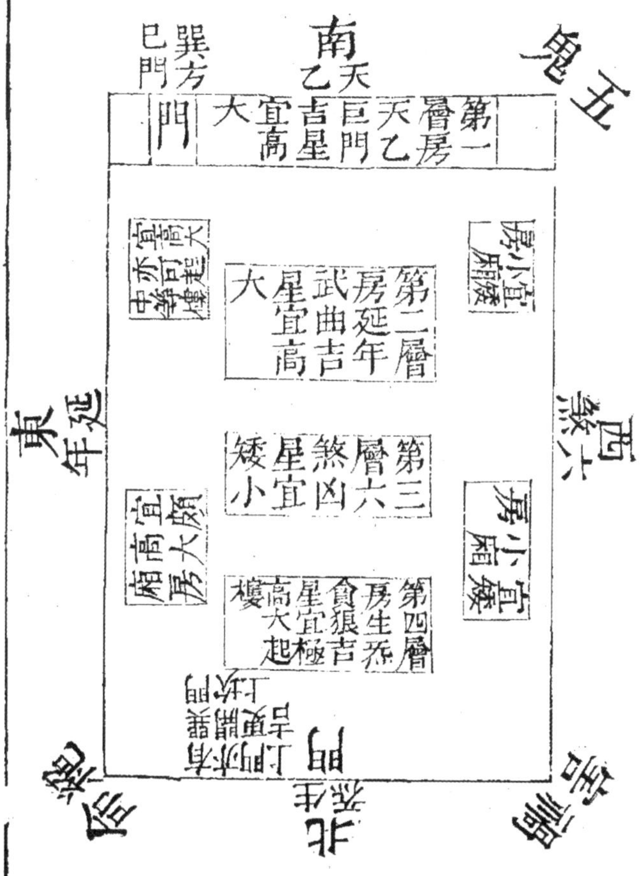
南
天乙
巽方
巳門
五鬼
第一層房
天乙
巨門
吉星
宜高大
門
宜高大
亦宜起
中樓
小房
宜矮
第二層
房延年
武曲吉
星宜高大
東
延年
西
六煞
第三層
六煞凶
星宜
矮小
宜高大
廂房
小房
宜矮
第四層
房生炁
貪狼吉
星宜極
高大起樓
門
北
生氣
禍害
絕命

坐南向北坎門宅

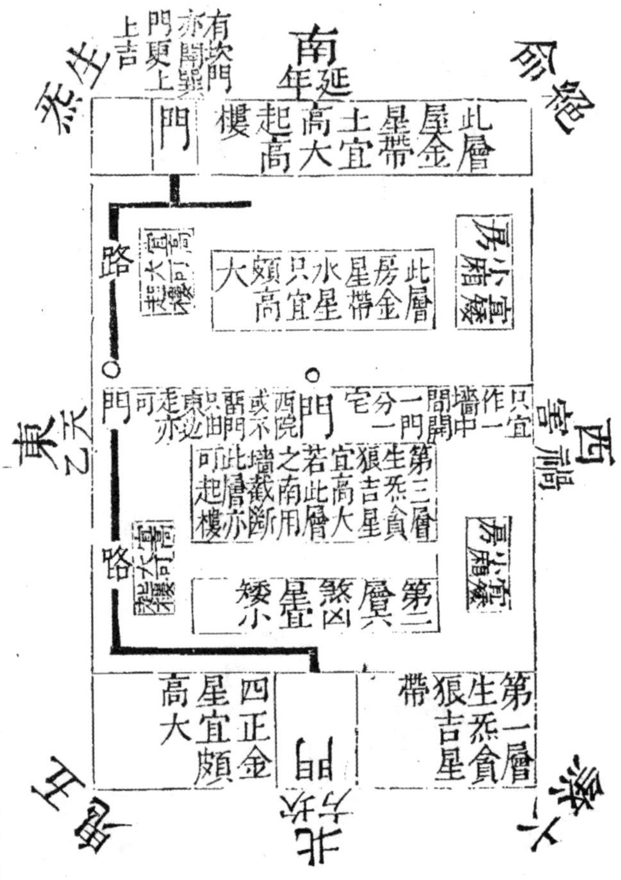
南
延年
絕命
生炁
有旁門亦開延年門更吉上上吉
門
此層屋星土帶金宜高大高起樓
此層房星水帶金只宜星高頗大
路
只宜作一牆中間開一門分一宅
門
西院或不開門只由東邊走亦可
門
第三層生炁貪狼吉星宜高大若此層用之南斷截牆此層亦可起樓
第二層煞五黃凶星宜矮小
西
禍害
東
六煞乙
第一層生炁貪狼吉星帶
四正金星宜頗高大
門
北坎
伏位
五鬼

坐北向南離門宅

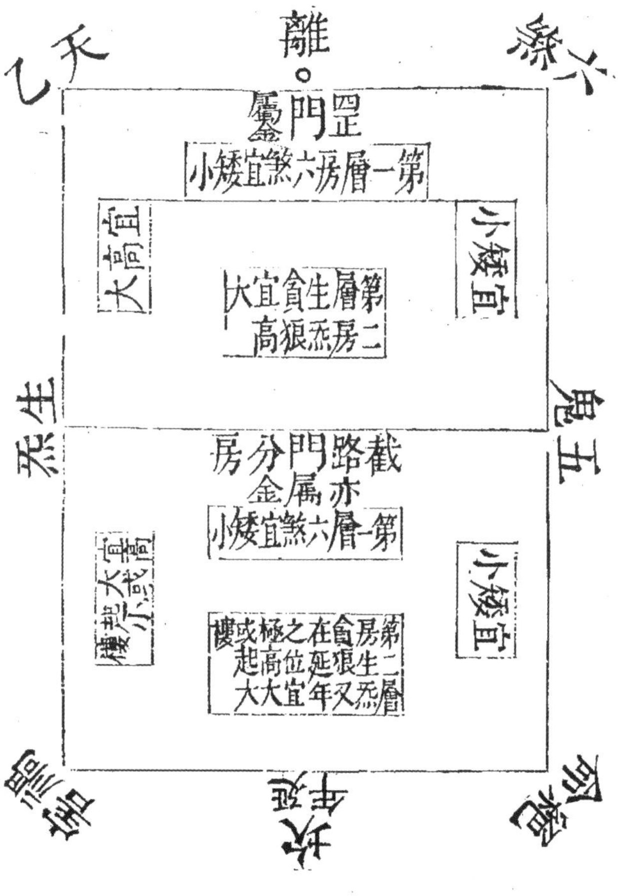

離
六煞
天乙
門屬金
第一層房六煞宜矮小
宜矮小
宜高大
第二層房生炁貪狼宜高大
生炁
五鬼
截路分門房
亦屬金
第一層六煞宜矮小
宜矮小
第二層房生炁貪狼又在延年之位宜極高大或起大樓
禍害
坎
延年

坐西向東震門宅

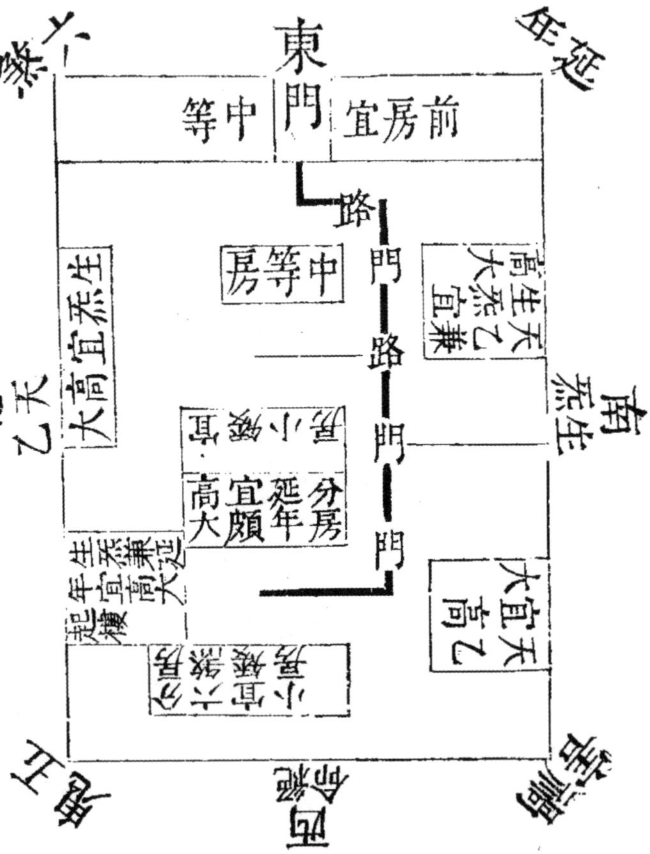

西四位宅圖說

福元在乾坤艮兌宮爲西四位生八其吉星俱在乾坤艮兌之方門所宜開路所宜行房樓所宜高大主人所宜居若誤用震巽坎離俱屬凶星是謂西四修東必不祥故著西四位宅圖

假如夫西四位生命而妻命東四位其房法當何如若居北房夫住兩邊間而妻居中間坎其所宜若住南房則夫居西間而妻居中間東間離巽皆宜若住東房則夫居北間而妻居中間南間震巽皆宜若住西屋則夫居中間而妻居

北間南間其安床大端首向東南爲可宜

西四位乾宮生八

乾六宮爲正福德宮一切門房井灶等項皆從乾起　法曰　乾六天五禍絕延生

一定福元宜居西房西樓上上吉次居北房西間福德吉北房東間天乙吉南房西間延年亦可居但房之中間未善耳北房中一間六煞文曲南房中一間絕命破軍

一定宅宜住坐北向南坤門宅坐南向北乾門宅俱上吉坐東向西乾坤兌門俱上吉坐南向北宅艮方丑字門亦吉坐西向東宅艮方寅字門

亦吉
一定門宜走西北乾方亥字戌字福德門西南坤方未字申字延年門俱上吉正西辛字生炁門東北艮方寅字丑字門亦吉但不可正當艮字別法謂之鬼門也
一定宅所行路宜由西方上吉
一定井宜在正西方生炁大吉
一定厨灶宜在南方丙字上大吉
一定碾磨宜在正東五鬼方東南禍害方大吉
一定牛馬房宜在正西生炁方上吉

一定放水宜在東方甲字乙字北方壬字癸字俱
吉

乾宮尅應

乾命犯東五鬼如灶向與來路犯之頭子難招後有二子犯北六煞方傷仲子而有一子犯巽禍害傷長子女而終無子若改生炁方又當五子矣

婚姻　一乾命人問楊公曰求婚難就何法可速公爲之改灶口向延年坤方又於父母身床之坤方安床又合延年坤方分房果半載得妻

子息　乾命人難得子公爲之改灶口向生氣兌方後生五子如移灶口向延年坤有四子向天

醫艮有三子予見公爲乾命人移往眞艮方生三子後改灶口朝兌向又生五子共有八子總得生炁方向專發子孫最驗者然用羅經須仔細若灶口寅向誤用甲則犯五鬼用丑向誤用癸則犯六煞乾命人大凶予見乾命人移西北乾方來路灶口向乾只生女無子以輔弼星無生也乾命灶口向離犯絕命主傷子或不生子而自夭病此絕命凶星專主病夭絕嗣也曾見乾命人于南方修大屋三間而次年絕孫傷嗣又次年自卽痔痢死有乾命客往南方後不能

生還總之乾命若犯離方絕命作灶口移居來
路出行修造行嫁必大凶
一乾命女嫁往生炁方生五子後改兌方灶口
朝南先傷仲子痰噎立亡期月卽見三年五子
盡傷又乾命女嫁往南方雖灶口向兌而生五
子後皆傷夭以犯來路之絕命也若能改灶口
向生炁則無傷而有子矣分房修方來路同驗
又須門房床灶皆壓凶方向吉方斯爲盡善半
月卽見效生炁兌方
疾病　乾命男誤用灶口向離而傷乾金心火盛

尅肺金先心痛痰火後咳嗽癆喘吐血肺爛頭
痛腦漏鼻常流水楊公令其莫食朝南舊灶新
添一小灶或風爐口朝東北天醫艮方爐壓本
屋內之絕命離方以除離卦之凶食月餘而病
痊并除根不發蓋天醫乃專主除病之吉神也
有一乾命人犯震巽二方之來路灶口有肝怒
目疾跌傷手足痳瘋瘡毒癱瘓諸症又一乾命
人犯坎位方向有傷寒瘧疾脚瘡腎虛等症又
一乾命女犯坎位而赤白帶阻經小產虛癆之
應若將來路灶口等改向艮方天醫卽除病向

坤方延年且有壽矣天醫艮方

災禍　一乾命人犯灶口向離卽有官非口舌火

災仲媳忤逆傷妻女又絕嗣又一乾命灶與大

門俱朝離其妻女皆淫亂予師令其改灶口向

兌而灶坐烟通歷大門後丙午丁方以除離卦

後果不淫又乾命犯坎方來路灶向有人命干

連風流之事犯震方則奴婢竊取逃走失賊火

災兼傷長子犯巽方有東南婦人咬致訟又傷

母妻及長子女也俱照疾病門內解除之法用

之大吉

西四位坤宮生人

坤二宮爲正福德宮一切門房井灶等項皆從坤起　法曰　坤天延絕生禍五六

一定福元宜居西房西樓南間北間俱上上吉北房東間西間南房西間並吉但房之中間未善耳北房中一間謂之六煞

一定宅宜住坐北向南坤門宅坐南向北乾門宅俱上上吉坐南向北艮方丑字門坐東向西坤兌乾門坐西向東艮方寅字門並吉

一定門宜走西北乾方亥字戌字延年門西南坤

方未字申字福德門上吉東北艮方丑字寅字門俱吉但不宜正當艮字別法謂之鬼門也

一定宅中所行路宜由西亦大吉

一定井宜在東北方長生位大吉

一定厨灶宜在北方癸字大吉

一定碾磨宜在正東禍害方東南五鬼方大吉

一定牛馬欄宜在東北生炁方大吉

一定放水宜在東方甲字乙字北方壬字癸字俱上吉

坤宮尅應

坤命得艮生黍有五子乾四子兌三子坤只有女

犯坎絕嗣有一坤命人客往坎方一年而家內

傷子皆傷寒慢驚痢疸以坎屬腎也又有一寡

婦坤命灶戶向坎三年內二孫溺水死犯離傷

仲子女而有二子犯震傷長子而後絕犯巽傷

長子女而有二子

婚姻　坤命宜配艮命妻乾兌次吉求婚宜安床

向乾易成

子息　坤命男灶戶向艮有五子向兌三子向乾

四子

疾病　坤命男女犯離有心痛痰火吐血等症用兌方天醫來路除之犯震巽有瘧痢瘡毒等症犯坎絕命男則傷寒瘧疾虛弱無妻女則閉經血崩癆噎除病可用天醫兌向五日見效十一日起床兩月除根用延年乾向二十五日見效起床雖有三分殘疾而延年有壽也灶向天醫則用來路延年之方如來路天醫則灶向延年餘倣此

災禍　坤命人犯坎方有投河風浪溺死等災又

虛損傷仲子繼傷長子絕嗣小孩則慢驚風夭也犯離則有人命官非又妻淫傷妻妾仲子女婢又痰火心痛仲媳忤逆若有母則爲仲女以一家年歲長幼分仲季也犯震有得勝之官非退財長子不孝大僕不仁傷長子老僕也

有一壯年坤命人添造震方房一間予師阻之曰修後一年父母告汝忤逆其人曰父愛我而惡弟安有此事期年父果告之破財其人又問曰北方大屋我欲進居師曰此方雖美而汝坤命犯坎方絕命須先于坤方或艮方去祖屋居

數月方進此屋不但無災反有福壽其人不聽遂居之年餘而死又一坤命女修震方房被夫責辱不已師令折之而安若坤命男犯巽方老母妻媳竊財婢僕逃走失賊又火災又傷母妻及大子大妻大媳老婢也

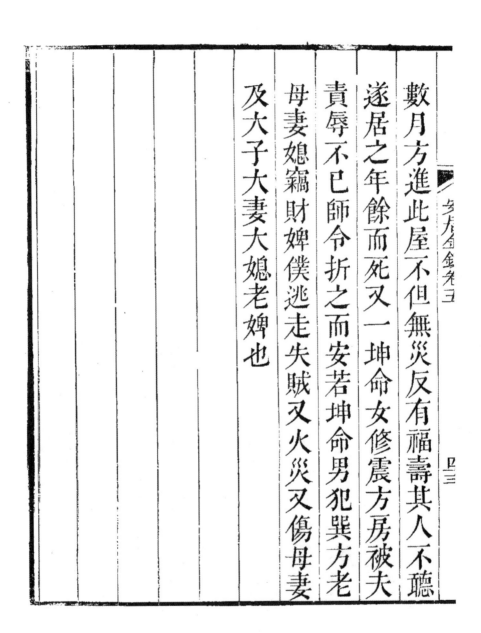

西四位艮宮生八

艮八宮爲正福德宮一切門房井灶等項皆從艮起　法曰　艮六絕禍生延天五

一定福元宜居西房西樓俱上上吉北房西間東間亦吉南房西間亦可居但房之中間未善耳北房中一間謂之五鬼南房中一間謂之六煞

一定宅宜住坐北向南坤門宅坐南向北乾門宅坐南向北艮方丑字門宅坐東向西坤兌乾門宅坐東向西艮方寅字門宅俱吉

一定門宜走西北乾方亥字戌字天乙門西南坤

方未字申字生炁門俱上吉東北艮方丑字寅字門亦吉但不宜正當艮字别法謂之鬼門也

一定宅中所行路宜由西方大吉

一定井宜在西南艮申位大吉

一定厨灶宜在東方乙字上大吉

一定碾磨宜在正南禍害方正北五鬼方大吉

一定牛馬欄宜在西南生炁方大吉

一定放水宜在南方丙字丁字俱上吉

艮宮尅應

艮命得坤方生炁灶口有五子得兌方延年有四子得乾方天醫有三子若艮福德只有女犯巽方絕命先傷長女後傷長子而絕皆脾泄驚疳瘡痳瘋疾或不生子而絕也犯震傷長子而有一子犯坎傷仲子而有二子犯離傷仲子而終無子以禍害祿存主絕也

婚姻　艮命配坤命妻有五子配兌有四子和睦配乾有三子灶口宜向生炁坤方求婚宜向延年兌方

子息　艮命犯巽方絕命方灶戶後果絕嗣

疾病　一艮命寡婦無子食巽向灶口一年有將笄之女瘋癆危篤師曰若添乾向天醫灶口與女獨食雖能滅病未必能保壽必須不食舊灶口改坤向生炁方灶口食之則不傷女矣從之而女果得痊夫母能傷女女獨不傷父母乎智者可類推矣故醫病入宜先治其父母方向或先治其子女丈夫方向又添改病人方向則速驗矣其主症則艮命男女犯離方向主傷風咳嗽痰火瀝瘡癰毒吐血跌傷手足中風癱瘓至

三年後大痲瘋死若小兒犯巽灶口或分房巽方則臍瘋慢驚犯坎則傷寒腎虛遺濁等症婦人則經閉血崩小產皆用乾方天醫向除病或用兌方延年之來路與分房方位則吉

災禍　艮命犯震方有東方啞喉長身木形人唆訟破財大子不孝傷父母又自跌傷手足若父告忤逆則免入命訟矣犯巽傷母妻子女至絕嗣又自傷手足而夭受父母責告夫妻不睦長子忤逆犯離主妻淫聲遠播或經官持權欺夫擾亂家務夫怒成病即水經云艮離陰人攪家

風也人常有得勝之小官非破財常自哭泣又
有三光等災
有一艮命富翁大壯有七鍋而口俱朝南共傷
七妻妾艮命犯坎方失賊五次又火災妻妾竊
財與父母奴僕逃走傷仲子水災又傷寒腎虛
遺濁虛弱貧窮也

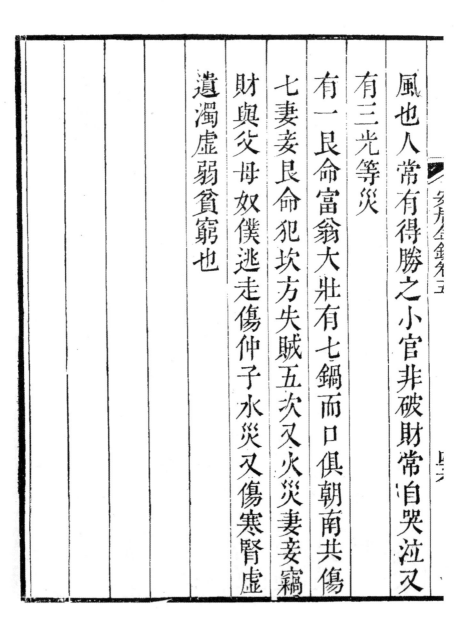

西四位兌宮生人

兌七宮爲正福德宮一切門房井灶等項皆從兌起　法曰　兌生禍延絕六五天

一定福元宜居西房西樓上吉次居北房西間生炁貪狼南房西間天乙巨門北房東間延年武曲亦吉但房之中間未善耳北房中間禍害南房中間五鬼

一定宅宜住坐北向南坤門宅坐南向北乾門宅俱上上吉坐南向北艮方丑字門宅坐東向西坤門兌門宅坐西向東艮方寅字門亦上吉

一定門宜走西北乾方亥字戌字生炁門西南坤方未字申字天乙門上吉次定宜走東北艮方丑字寅字門延年亦吉但不宜正當艮字別法謂之鬼門也

一定宅中所行路宜由西方上吉

一定井宜在西北方長生位大吉

一定厨灶宜在北方癸字大吉

一定碾磨宜在正東方絕命破軍正南方五鬼廉貞大吉

一定牛馬房宜在西北生炁貪狼大吉

一定放水宜在南方丙字丁字上吉

兌宮尅應

兌命得乾來路灶向有五子艮四子坤三子兌只有女

犯震絕命則子瘧痢驚疳絕嗣犯巽傷長子女而有一子犯離傷仲子女而有二子犯坎傷仲子女而無子則我不食之或家中有合命者食之否則另添一小灶或風爐亦可只論灶口向三吉方爲驗

婚姻　兌命配乾命妻五子艮坤次吉求婚宜安床艮方易成

子息　兌命灶口向乾五子艮四子坤三子

疾病　兌命犯離痰火血光等症犯震損目瘧痢跌傷腰背手足犯巽肝怒損目傷手足等犯坎傷寒瘦弱等症婦則經閉小產諸症皆宜用天醫延年以除解之則吉

災禍　兌命犯震傷長子僕跌傷手足腰背必絕有一兌命富翁添造震方大屋數間三年後二孫皆死絕嗣自身亦死犯巽有東南長身啞婦唆訟或母炒鬧或子女淫傷母妻又傷大子女損目跌傷手足等犯離主失賊火災妻妾竊財

婢僕逃走妻炒鬧淫亂傷毋妻仲女婢犯坎常
有得勝官非破財水災傷仲子女僕若仲子命
合宅吉方則傷季子曾見一兒命婦犯坎方則
有血崩疾仲子溺死

乾宅巽門穿宮貫井配卦布星全圖

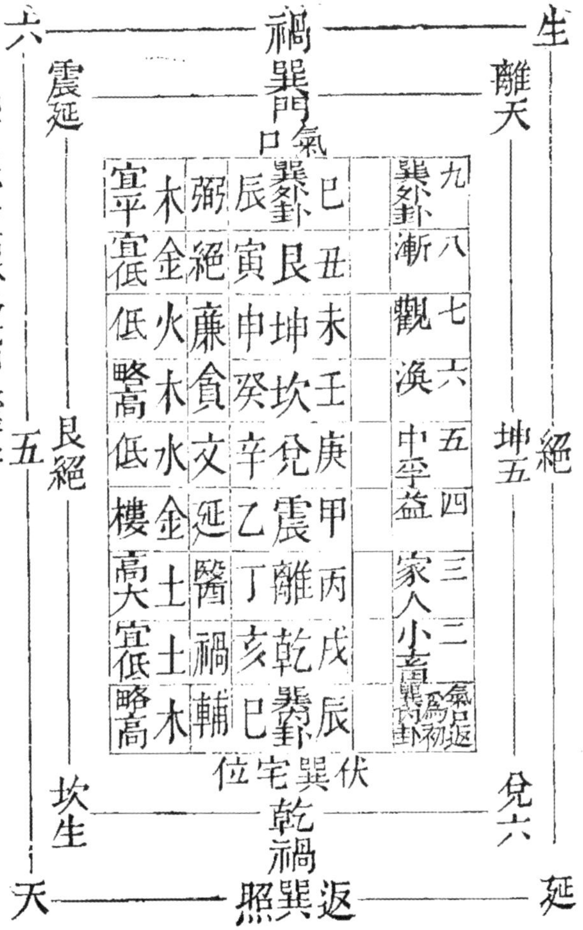

九	巽卦		巳	巽卦	辰	弼	木	宜平
八	漸		丑	艮	寅	絕	金	宜低
七	觀		未	坤	申	廉	火	低
六	渙		壬	坎	癸	貪	木	略高
五	中孚		庚	兌	辛	文	水	低
四	益		甲	震	乙	延	金	樓
三	家人		丙	離	丁	醫	土	高大
二	小畜		戌	乾	亥	禍	土	宜低
氣口返 爲初	巽內卦		辰	巽卦	巳	輔	木	略高

此方屋旁有高塔爲武曲入震星雖吉不宜克宮主傷長子長孫

右全圖坐西北朝東南戌乾亥三山辰巽巳三向皆裝巽卦巽門氣口返於初卽巽宅以巽卦爲一宅之體中生七子卦包于內外卦之中營屋七進領附卦之七星穿貫於七進屋內錯綜以分高下由內而外謂之貫井卽巧翻八卦也伏位輔木居一小畜禍害土居二家人卦天醫土居三益卦延年居四中孚文曲水居五渙卦貪狼木居六觀卦廉貞居七漸卦絕命金居八弼星居九乃門也八卦九星全局備矣內外高下得宜四無沖射遍壓放水合法不犯黃泉旺一百二十年

坤宅艮門穿宮貫井配卦布星全圖

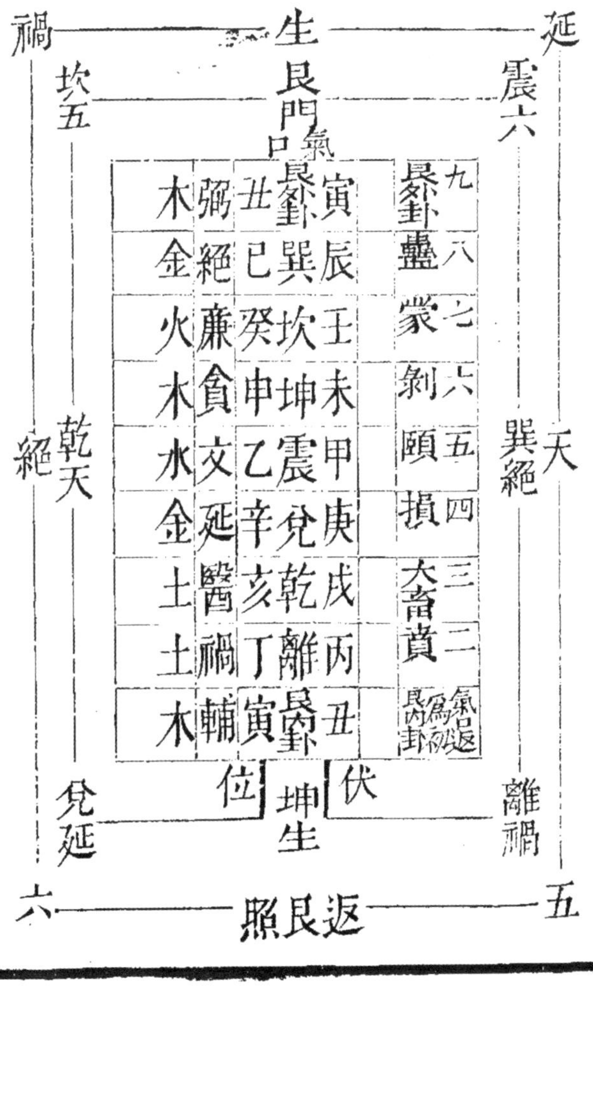

右全圖坐西南朝東北丑艮寅三向皆裝艮卦開艮門卽艮宅以艮爲一宅之體中生七子卦於內外卦之中晉屋七進領附卦之七星穿貫於七進屋內錯綜高下由內而外謂之貫井卽巧翻八卦伏卦輔一賁卦禍二大畜醫三損卦延四頤卦文五剝卦貪六蒙卦廉七蠱卦絕八外卦殤九乃門也八卦九星備矣內外高低得宜四無冲逼放水如法不犯黃泉可旺一百五十餘年

艮宅坤門穿宮貫井配卦布星全圖

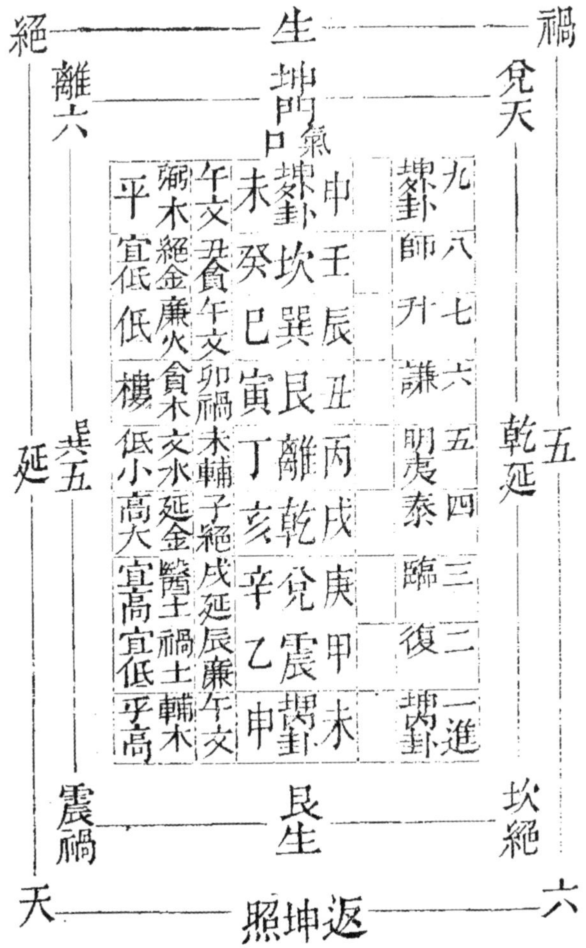

禍 生 絕
兌天 坤門 離六
口氣
九坤卦 八師 七升 六謙 五明夷 四泰 三臨 二復 一進坤卦
申 壬 辰 丑 丙 戌 庚 甲 未
坤卦 坎 巽 艮 離 乾 兌 震 坤卦
未 癸 巳 寅 丁 亥 辛 乙 申
午文 丑貪 午文 卯禍 未輔 子絕 戌延 辰廉 午文
弼木 絕金 廉火 貪木 文水 延金 醫土 禍土 輔木
平 宜低 低 樓 低小 高大 宜高 宜低 平高
五 乾延
延 巽五
坎絕 艮生 震禍
六 返坤照 天

右全圖坐東北朝西南未坤申三向皆裝坤卦
坤門卽坤宅以坤卦爲一宅之體中包七子卦
管內七層以領附卦之七星合門與伏位共九
層爲全宅伏位左輔居一復卦禍居二臨卦醫
居三泰卦延居四明夷文居五謙卦貪居六升
卦廉居七師卦絕居八右弼門居九九層之內
高下得宜門路合法八方如式四無冲壓謂之
吉宅旺一百五十年

禍　　　　　　　絕　　　　　　　　五

艮六　　　　　　震門氣　　　　　　巽延

　　　　　　　　　　　　　震卦　　　離

　　　　乙　　甲　　　　　歸妹　　　生

平　　　庚兌乙　辛亥　　　大壯　　　天

宜低　　戊乾　　廉火　　　豐

低　　　丙離丁　貪木　　　小過

樓　　　丑艮寅　文水　　　恆

低小　　辰巽巳　延金　　　解

高大　　壬坎癸　醫土　　　豫

宜高　　未坤申　禍土

宜低　　甲震乙　輔木　　　震卦

平高　　　　位

生　　　　　　　　兌絕　　　　　　坤

坎天　　乾五　　返震照　　　　　　禍六

延　　　　　　　　　　　　　　　　六

九八七六五四三二一進

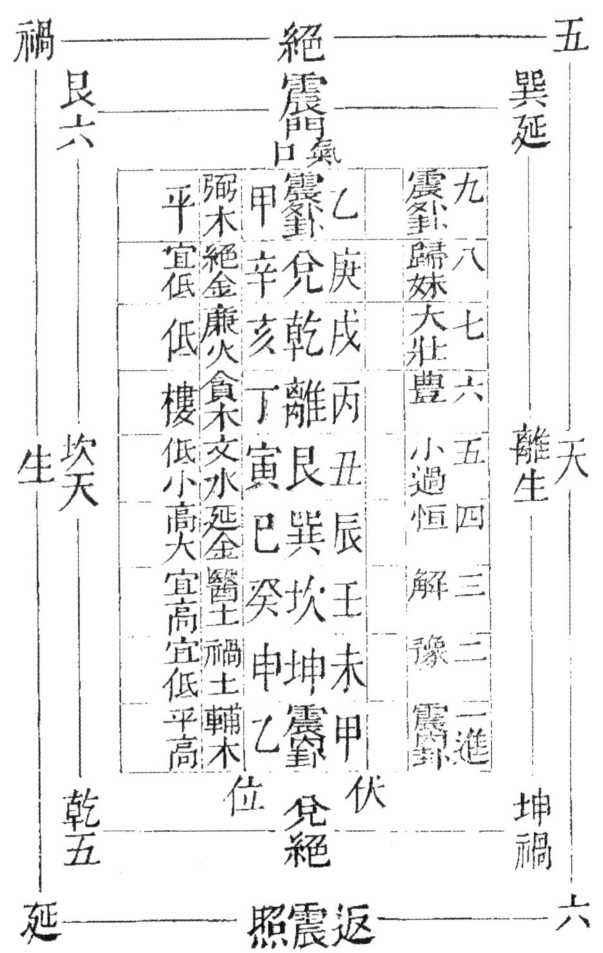

右全圖坐西朝東甲卯乙三向開震門即震宅裝震卦爲一宅之體中生七子卦包於內外卦中晉屋七層領附卦之七星穿貫於七進屋內錯綜以分高下由內而外謂之貫井即巧翻八卦也伏位輔居一豫卦禍二解卦醫三恒卦延四大壯廉五豐卦貪六小過文七歸妹絕八外卦弼九門也八卦九星全局備矣內外高下合法放水得宜四無沖壓旺一百八十年

坐北向南坤門宅

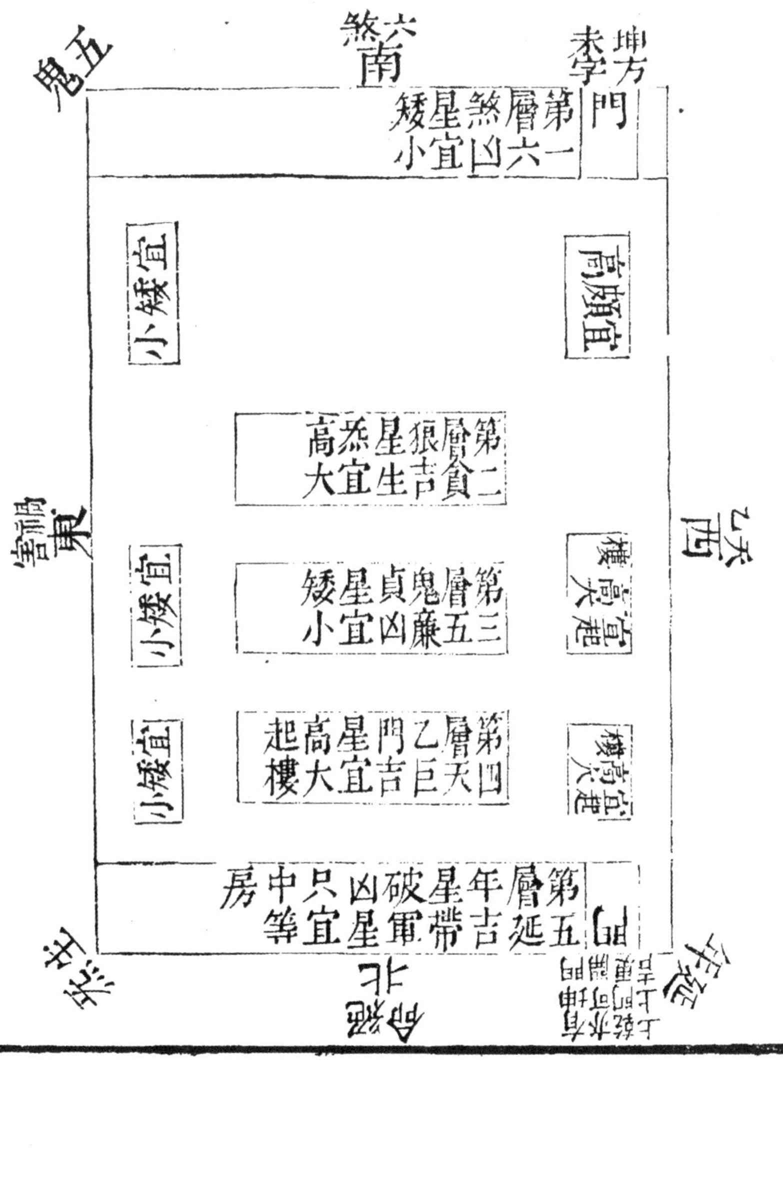
南
六煞
五鬼
坤方
本字
門
第一層六煞凶星宜矮小
宜矮小
宜高大
第二層貪狼吉星生炁宜高大
東
禍害
西
天乙
宜矮小
宜起高大樓
第三層五鬼廉貞凶星宜矮小
宜矮小
宜起高大樓
第四層天乙巨門吉星宜高大起樓
第五層延年吉星帶破軍凶星只宜中等房
門
北
絕命
生氣
延年

坐南向北乾門宅

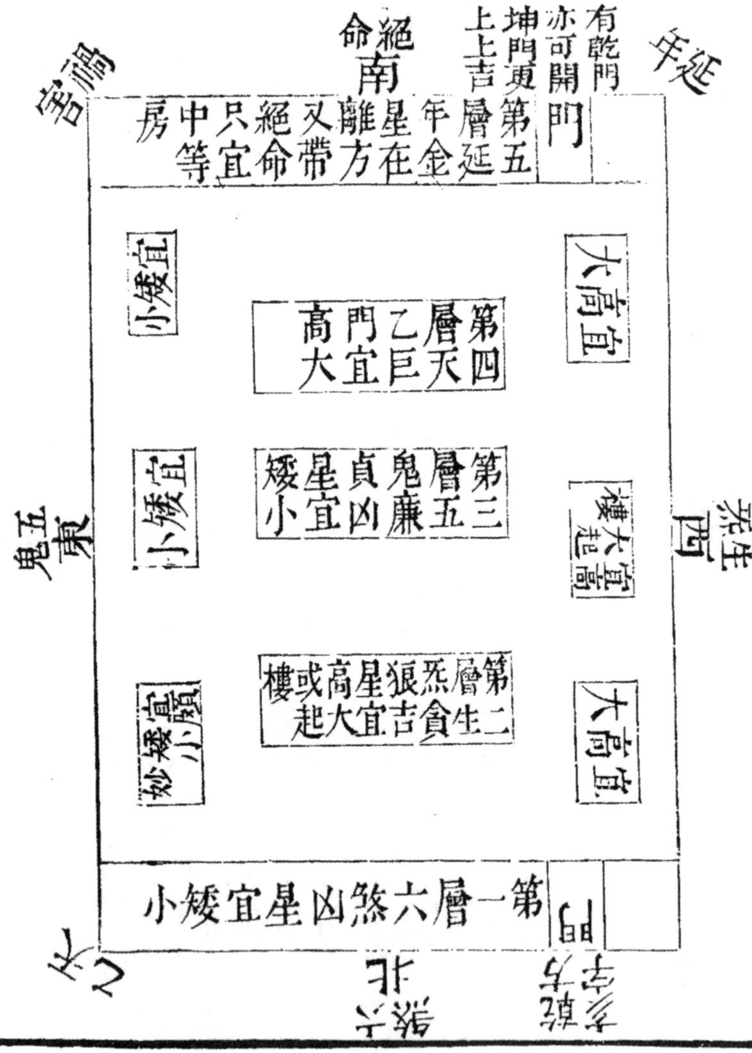

延年
有乾門亦可開門
坤門更上上吉
絕命南
禍害
門
第五層延年金星在離方又帶絕命只宜中等房
大高宜
第四層天乙巨門宜高大
宜小矮
第三層五鬼廉貞凶星宜矮小
宜小矮
生氣西
宜高大起樓
五鬼東
第二層生氣貪狼吉星宜高大或起樓
大高宜
宜小矮妙
第一層六煞凶星宜小矮
門
伏位乾
六煞北
天醫

坐東向西乾門宅截路分房

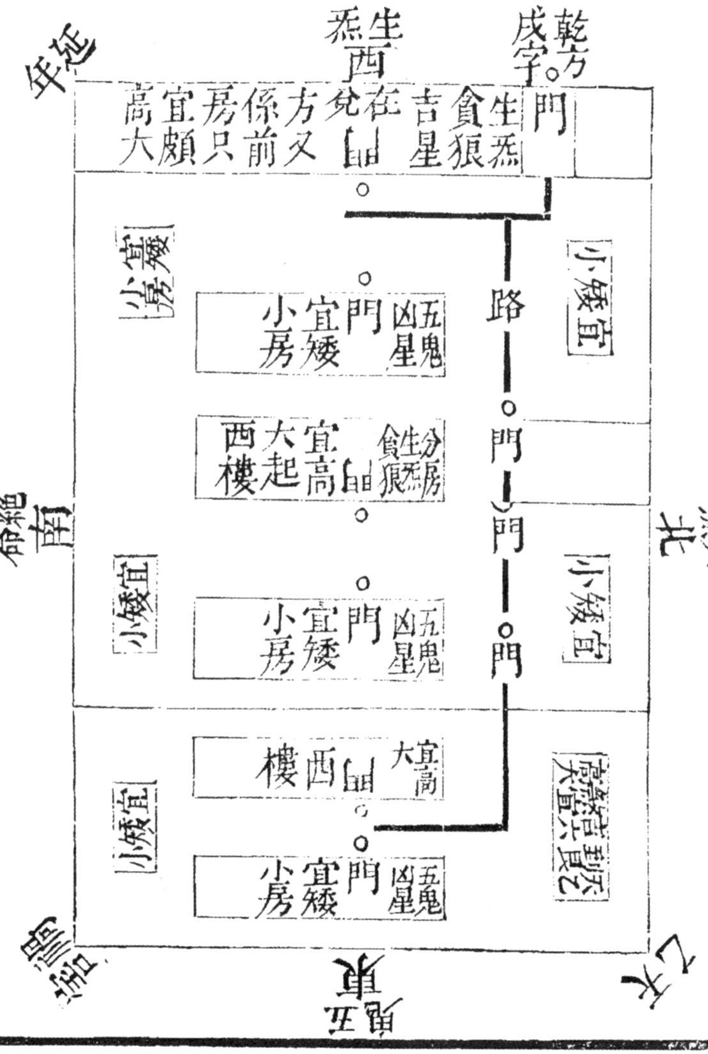

坐東向西坤門宅截路分房

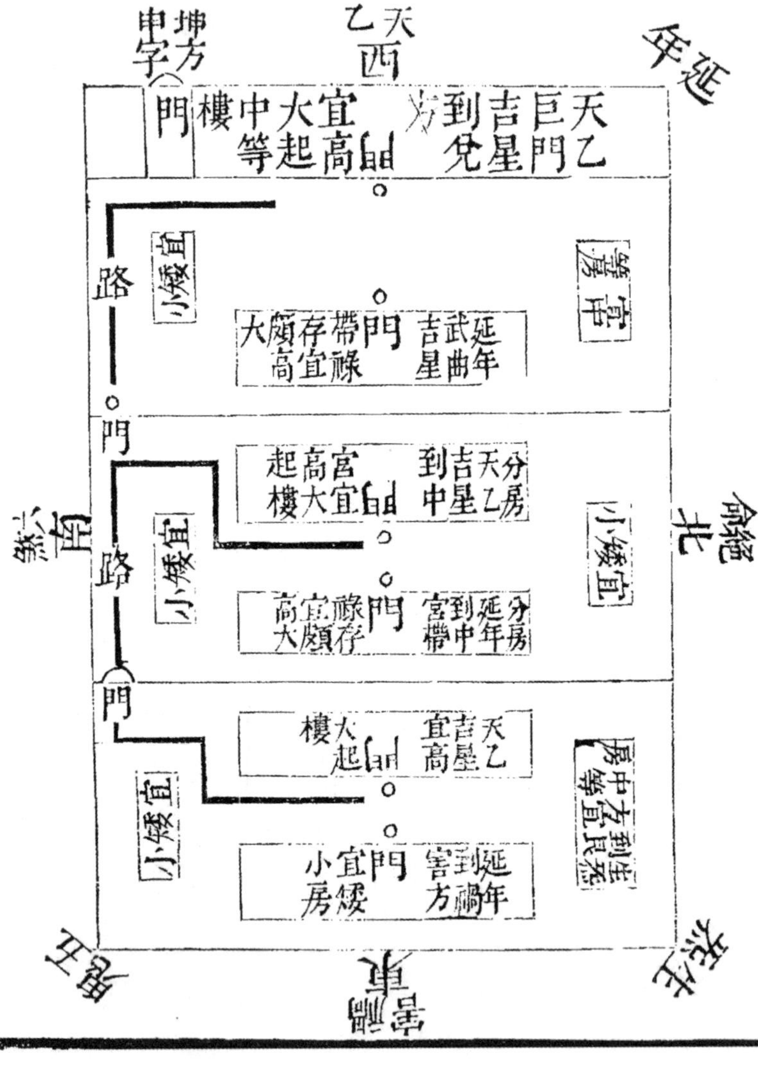

坐南向北艮門宅截路分房

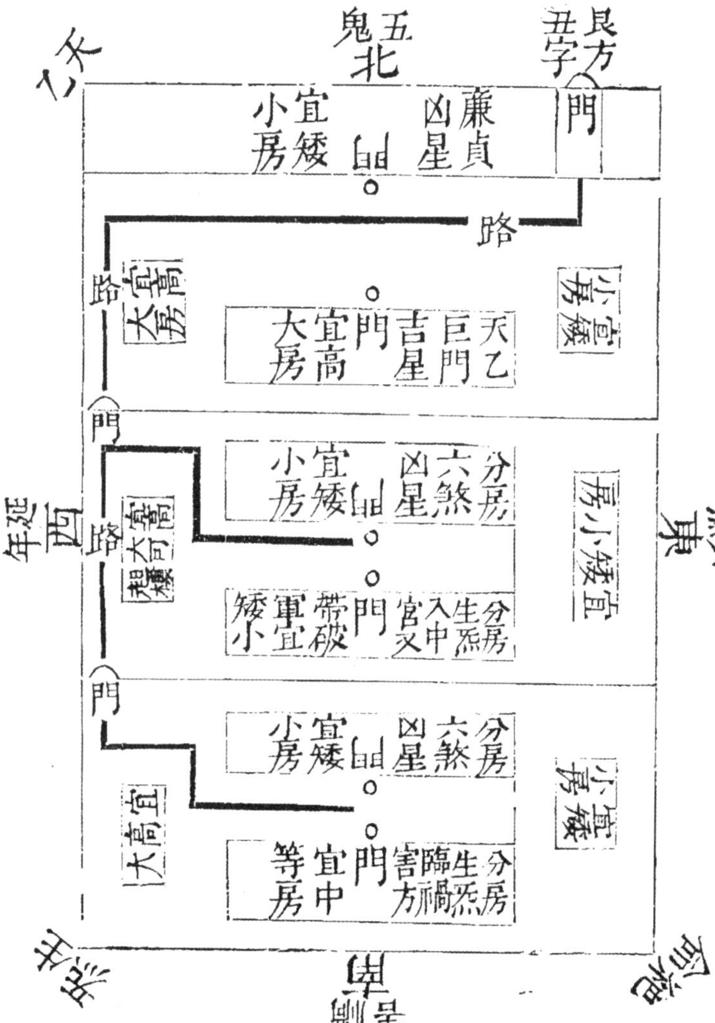

坐西向東艮門宅截路分房

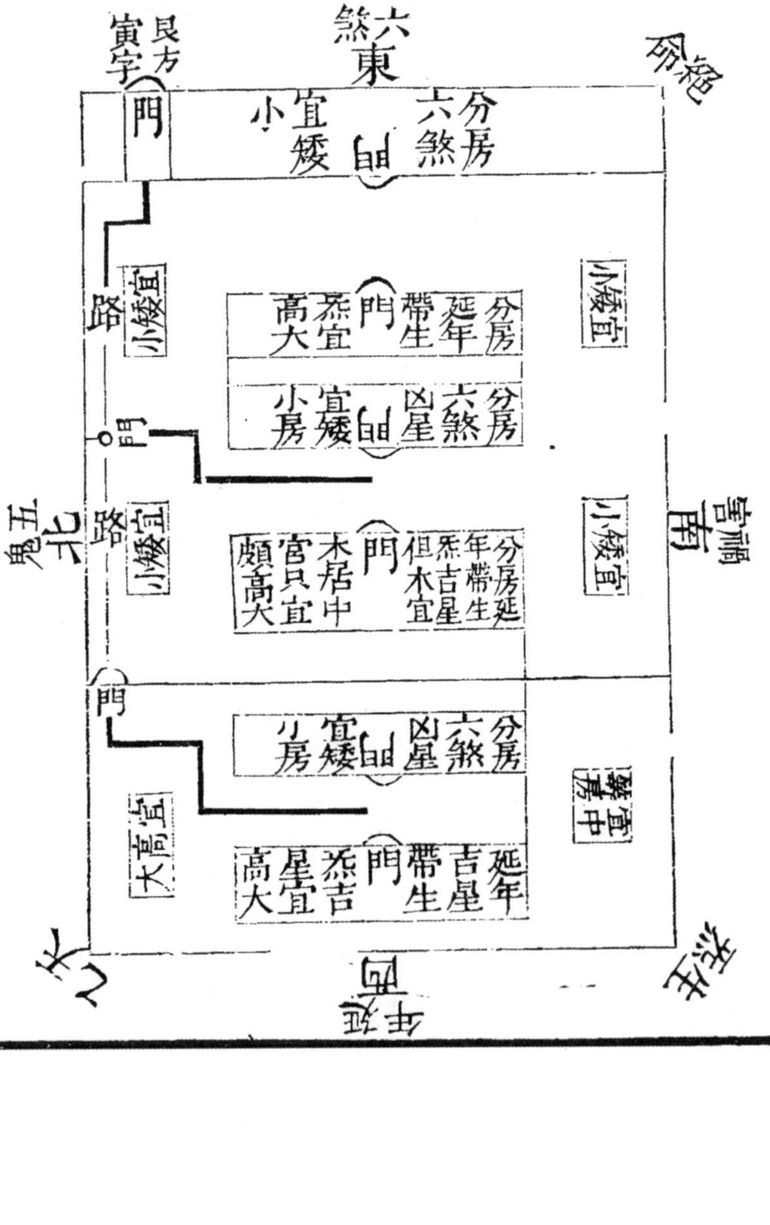

以上所輯東西四位生人用例并圖既極詳悉又甚簡明即令未徹宅理者執例與圖而用斯過半矣于百世之下有人安居而物無札癘雖冒泄天之罪寧甘之幸勿妄授

福元八掌紋起例說

八卦井中五惟九宮掌紋支位則有十二故去亥子丑三位不用只用寅至戌九位

起男女上中下元訣

上元甲子一宮連　中元起巽下兌間

上五中二下八女　男逆女順起根源

康熙二十三年甲子上元

乾隆九年甲子中元

男上元甲子起一位即坎即寅

中元甲子起巳位即巽

下元甲子起兌位即申

以上逆數　男五寄坤宮

女上元甲子起五位即午即中

中元甲子起二位卽卯卽坤

下元甲子起八位卽酉卽艮

以上順數　女五寄艮宮

先分上中下元以跳澗訣數至何宮生人卽於此

宮起遊年八卦數至吉星得地處宜居住開門

凶星宜碾磨猪屑之類

且如上元甲子宅主甲寅年生一宮寅上起甲子逆數跳入離宮戌上起甲戌艮宮酉上起甲申兌宮申上起甲午乾宮未上起甲辰中宮午上起甲寅是謂中宮生八中宮寄坤以中宮生八主之遊年起坤天延絕生禍五六福元門路按圖定之則吉

且如上元甲子宅母甲寅年生五中宮午上起甲子順數乾宮未上起甲戌兌宮申上起甲申艮宮酉上起甲午離宮戌上起甲辰坎宮寅上起甲寅是謂坎宮生八主之遊年起坎五天生延

絕禍六福元門路按圖定之吉

且如中元甲子宅主乙丑年生就將中元甲子起巽宮逆數乙丑到震是謂震宅生人主之遊年起震延生禍絕五天六福元門路按圖定之則吉

且如中元甲子宅母丙寅年生就將中元甲子起坤順數丙寅至巽是謂巽宅生人遊年起巽天五六禍生絕延福元門路按圖定之則吉

客有詰予者曰子之以福元定東西四位宅圖也信以人之生年爲主不以宅向爲主矣若父年

東四位生八而子年則西四位兄年西四位生八西弟年又東四位則爻宅子何以居而兄宅弟何以居乎曰此自有截路分房法在也凡宅大約但取遊年一法應以家長爲主然大門非能盡主一宅之兆由大門入凡有一墻一門隔蔽皆當從所開門起且如至儀門處便從儀門算起儀門外一層房已不在數內況居各院開各門自是各隨生年定居此一宅分各院之法即有一爻四子八孫亦惟各修其福德所宜震巽坎離生人則修東四位一院乾坤艮兌生八

則修西四位一院各修各居何相悖之有客曰
唯唯足解世説之惑
天上九星爲地之九宮司人間禍福其應如響
然吉星惟三凶星乃六若吉星不得地處亦皆
反凶益見求福之難免禍之不易若不精術愼
造焉得平吉故論大遊年云

乾六天五禍絶延生　巽天五六禍生絶延
坎五天生延絶禍六　離六五絶延禍生天
艮六絶禍生延天五　坤天延絶生禍五六
震延生禍絶五天六　兑生禍延絶六五天

吉星三

生者生炁星貪狼星也一木吉震

延者延年星武曲星也一金吉乾

天者天乙星巨門星也一土吉艮

凶星五

禍者禍害星祿存星也二土坤

六者六煞星文曲星也一水坎

絶者絶命星破軍星也二金兌

五者五鬼星廉貞星也一火離

伏唫者輔弼水星也二木巽

興廢年

生炁輔弼亥卯未　延年絕命巳酉丑

天乙祿存四土宮　五鬼凶年寅午戌

六煞應在申子辰

九星禍福訣

伏唫天乙無禍殃　生炁延年見吉祥
五鬼廉貞凶要見　定損人口見災殃
六煞文曲壬癸水　見傷六畜在宅中
絕命定損人口苦　禍害見定不爲祥

宅運年限革故之訣

凡宅舍先吉後不吉者未知接氣也假如宅得木局三月受氣三年氣足三十年氣衰若得水星來生便可一百三十年必須二十八九年修理更新則木氣不衰可保常吉土金各照年限定數修理庶免衰敗之兆

九星宮位興旺訣

貪與長子巨與中武曲小房定興隆文敗中房祿敗少破廉長子受貧窮水一火二木三數金四土五各相從

九星旺子孫訣

貪生五子巨三郎武曲金星四子强獨火廉貞見二個輔弼只有半兒郞文曲水星多一子破軍絕敗守孤孀祿存土宿入延壽生尅休囚仔細詳

安居金鏡卷六

程國楨維周甫
呂　臨蔚若甫　仝輯

吳永年巽嶼甫鑒定

王惟諫司直甫參閱

薛　儁理齋甫
陸　煌檀甫　仝校

相宅形圖說

住基歌

陽宅來龍原無異居處須用寬平勢明堂須當容萬馬廳堂門廡先立位東廂西壁及庖廚庭院樓

臺園圃地或從山居或平原前後有水環抱貴左
右有路亦如然但遇返跳必須忌水木金土四星
龍此作住基終吉利惟有火星甚不宜只可剪裁
作陰地倘有卓筆及牙旗聳在外陽方無忌更須
水口收拾緊不宜大廹成小器星辰近案明堂寬
案近明堂非窄勢此言住基大局面別有奇特分
等第

八方坑坎歌

丑低投軍號陣中　艮低師巫殘患人
寅低狠傷并虎咬　他鄉外死甲上坑
卯地有灣傷眼目　乙辰有水患禿風
巽地坑池官司敗　陽短陰山出瘖風
午丙有坑火災顯　未丁坑下癆嗽人
酉方坑上家貧窘　戌亥跎腰鬼賊侵
壬子有灣絕後嗣　禍福如同在掌中

宅忌架橋梁歌

一橋高架宅廳前　左右相同終亦然

不出三年并五載　家私蕩盡賣田園

此法屢驗故特標爲一訣

何知經

何知人家貧了貧山走山斜水返身何知人家富了富員峯磊落皆朝護何知人家貴了貴文筆秀峰當案起何知人家出富豪一山高了一山高何知人家破敗時一山低了一山低何知人家出孤寡琵琶扇扇孤峯耶何知人家少年亡前也塘兮後也塘何知人家弔頸死龍虎頸上有條路何知人家少子孫前後兩邊高過墳何知人家二姓居一邊山有一邊無何知人家主離鄉一山主竄過明堂何知人家出做軍鎗山坐在面前伸何知人

家被賊偷一山走出一山鈎何知人家忤逆有龍
虎山鬬或開口何知人家被火燒四邊山脚似芭
蕉何知人家女淫亂門對坑竄水有返何知人家
常發哭面前有個鬼神屋何知人家不旺財只少
源頭活水來何知人家不久年有一邊兮無一邊
何知人家受孤栖水走明堂似簸箕何知人家修
善果面前有個手爐山何知人家會做師排符山
頭有手爐何知人家出跏跛前後金星齊帶火何
知人家致死來停屍山在面前排何知人家有殘
疾只因水帶黃泉入何知人家宅少人後頭來龍

無氣脉仔細相山并相水斷山禍福靈如見千形
萬象在其中不過此經靜叅閱

此宅左短右邊長君子居之大吉昌家內錢財豐勝富只因次後少兒郎

右短左長不堪居生財不旺人口凶住宅必定子孫愚先有田財後也無

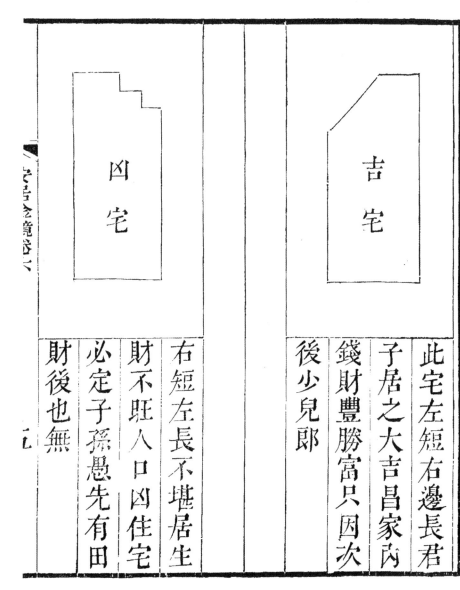

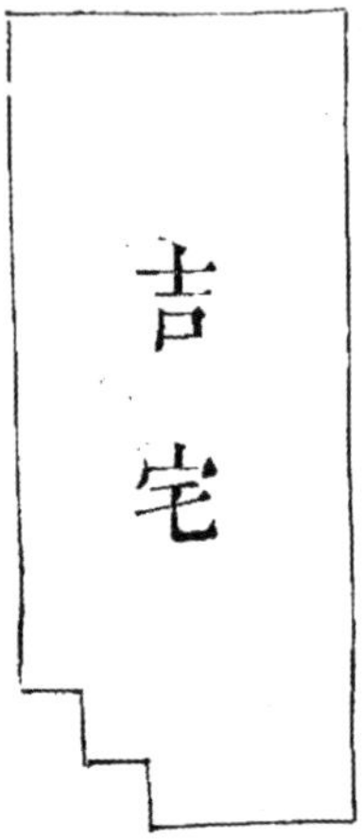

昔日周公相此居丑寅空缺聚錢財家豪富貴常保守不遇仙人怎得知

辰巳不足却爲艮居之家豪大吉昌若是安莊終有利子孫興旺足牛羊

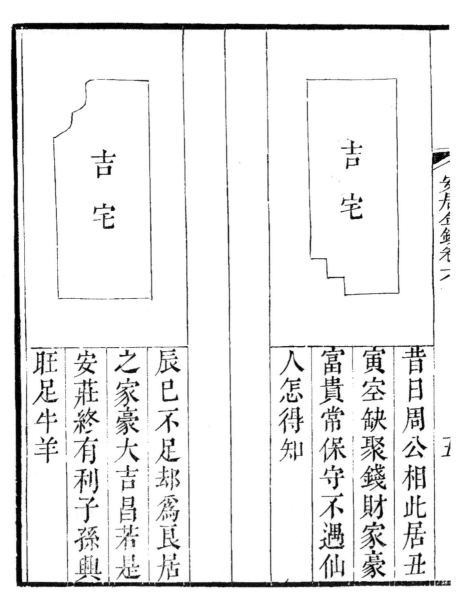

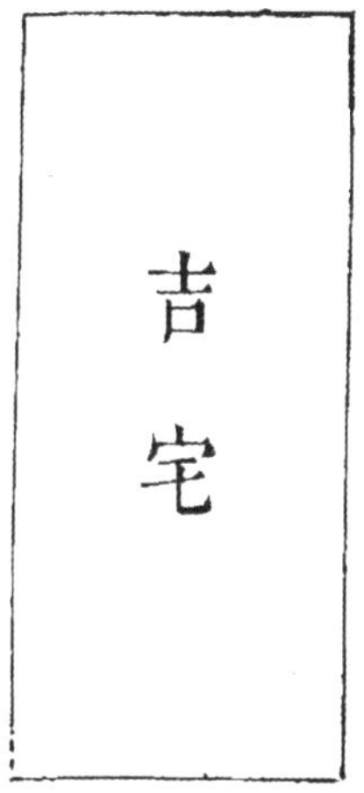

仰月之地出賢人庶人居之又不貧子孫印授封官職光顯門庭共九卿

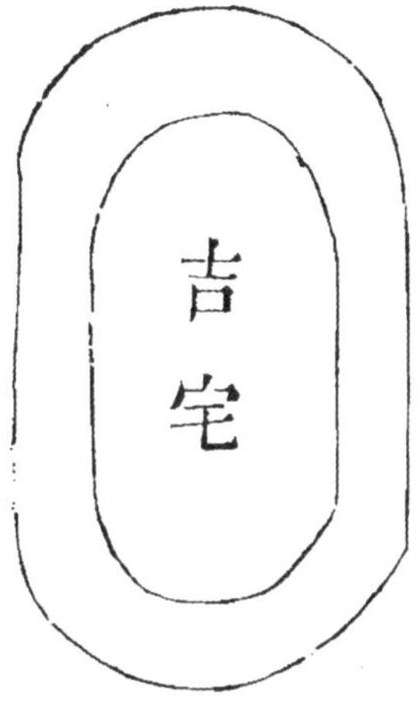

中央高大號圓邱修宅安墳在上頭人口資財多富貴二千食祿任公侯

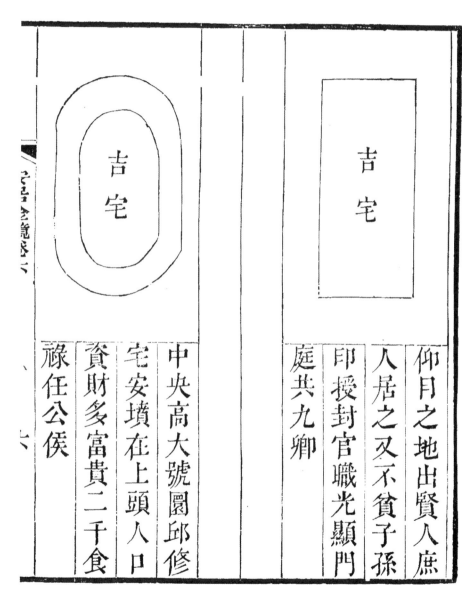

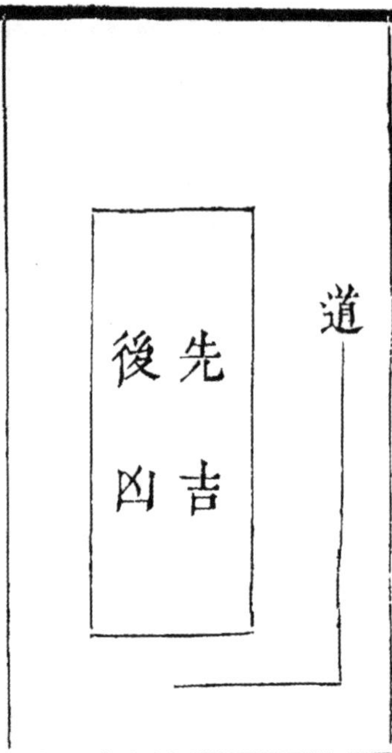

坎兌兩邊道路橫定主先吉後有凶入戶資財初一勝不過十年一時空

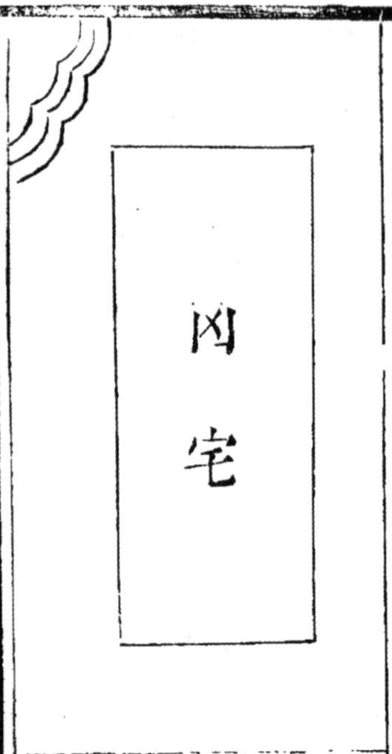

此宅修在涯水頭主定其地不堪修牛羊盡死人逃去造宅修塋見禍由

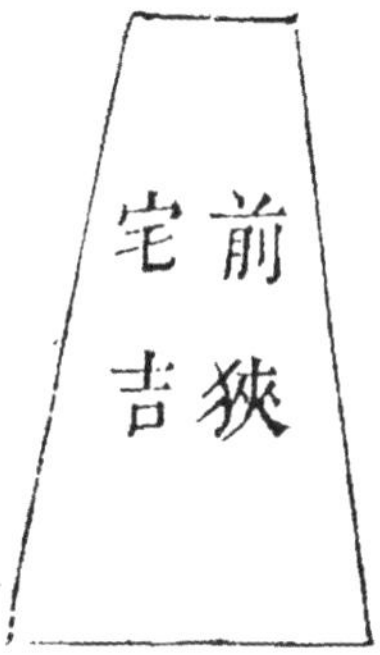

前狹後寬居之穩富貴平安旺子孫資財廣積人口吉金珠聚寶滿家門

前寬後狹似棺形住宅當時不安寧資財破盡人口死悲啼呻吟有嘆聲

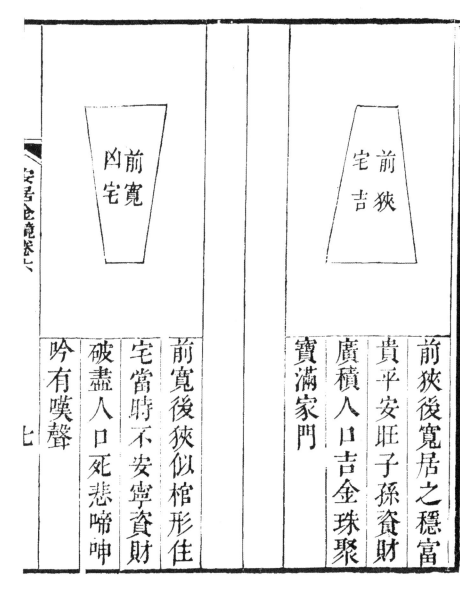

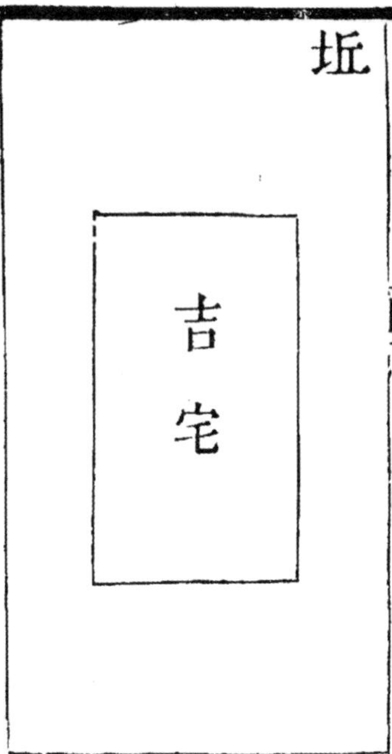

西南坤地有坵墳此宅居之漸漸榮若是安莊并造屋兒孫輩輩主興隆

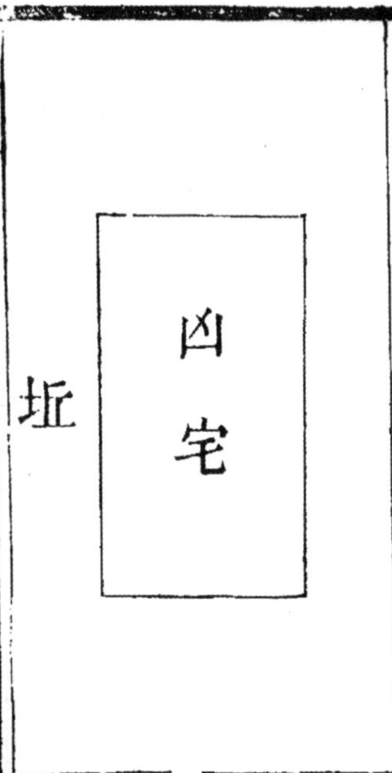

此宅卯地有坵墳後來居之定滅門愚師不辨吉凶理年久墳前缺子孫

吉宅

坵

此房正北有坵墳明師安莊定有名君子居之出官祿庶人居之家道榮

坵

半吉宅

坵

前後有坵不喜歡安莊修造數餘年此宅常招凶與吉得時富貴失時嫌

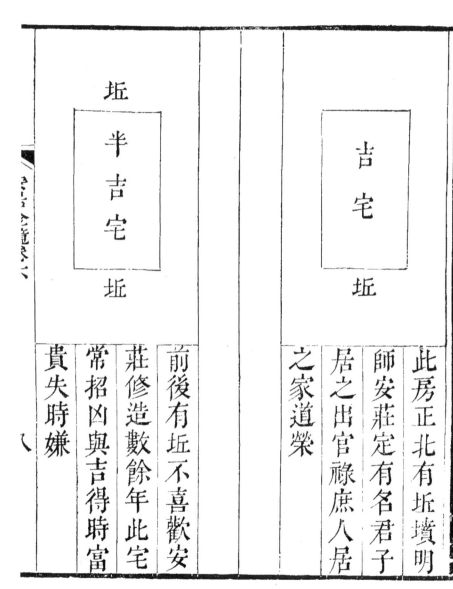

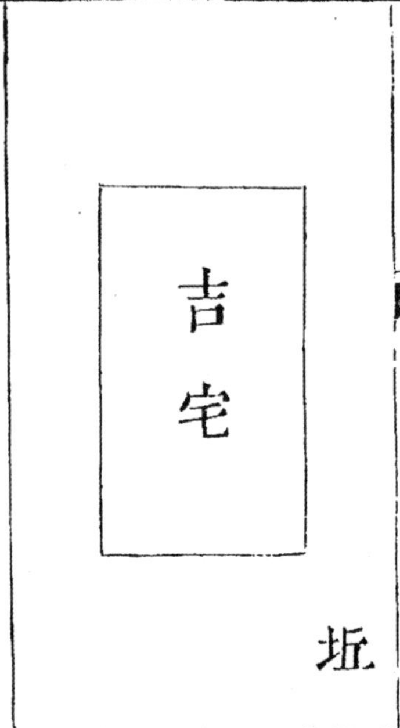

此宅乾地有坵陵修宅安莊漸漸與女子入宮爲妃后見孫日後定公卿

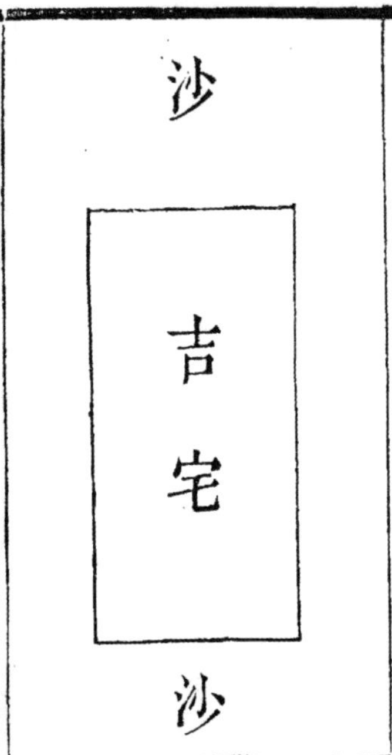

此宅前後有高沙居之依師不爲差田財廣有人多喜處處談揚道富家

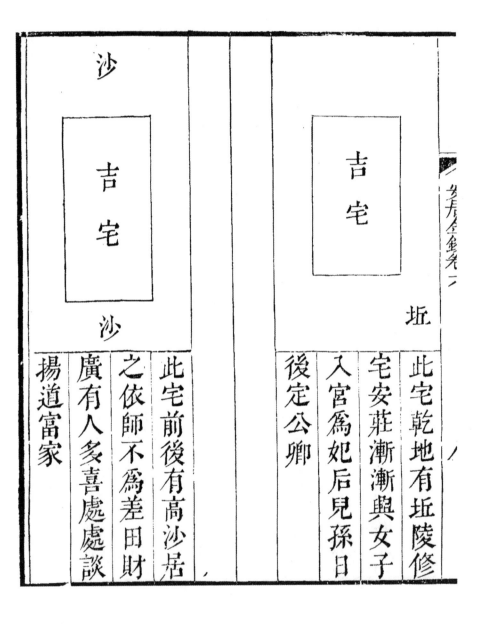

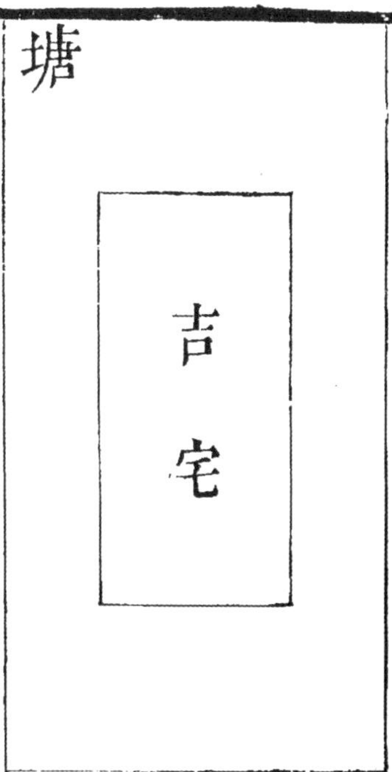

此宅觀靈取這强却
因辰巳有池塘兒孫
旺相家資盛與小敗
長有官防

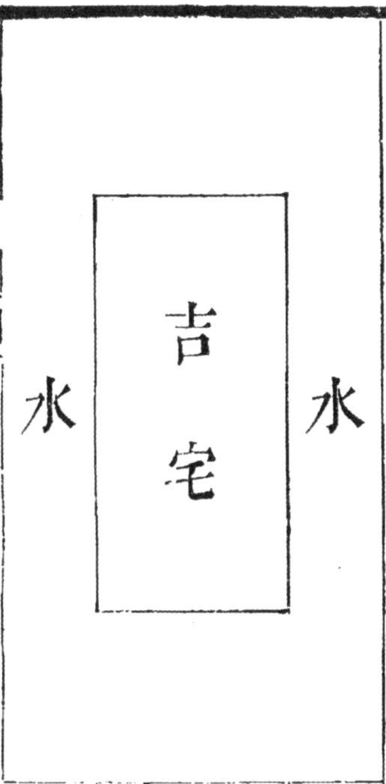

前後高山兩相宜左
右兩邊有沙池家豪
富貴多年代壽命延
年彭祖齊

高

吉宅

下

西高東下向北陽正
好修工興蓋莊後代
資財石崇富滿宅牛
羊六畜强

平

吉宅

平

平

此宅方圓四面平地
理觀此好興工不論
宮商角徵羽家豪富
貴旺人丁

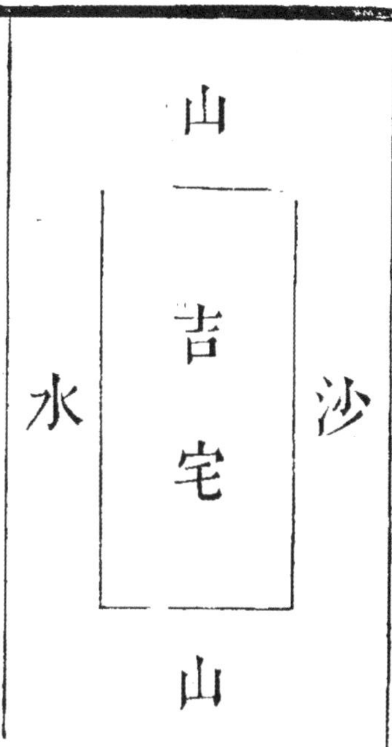

此宅左右水長渠久後見孫福祿齊米麥錢財常富貴見孫聰俊勝祖基

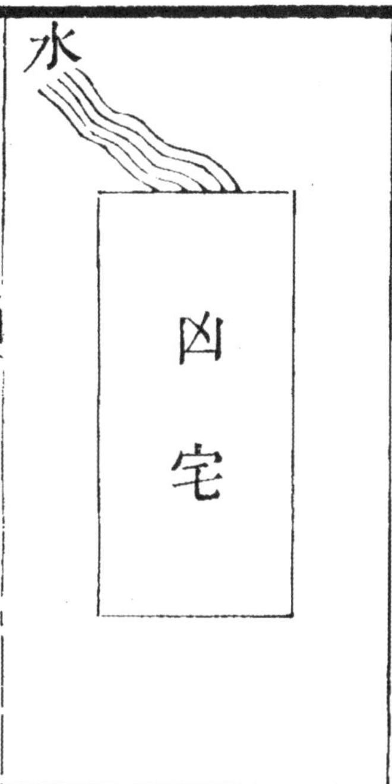

左邊水來射午宮先初富貴後貧窮明師斷盡吉凶事左邊大富右貧窮

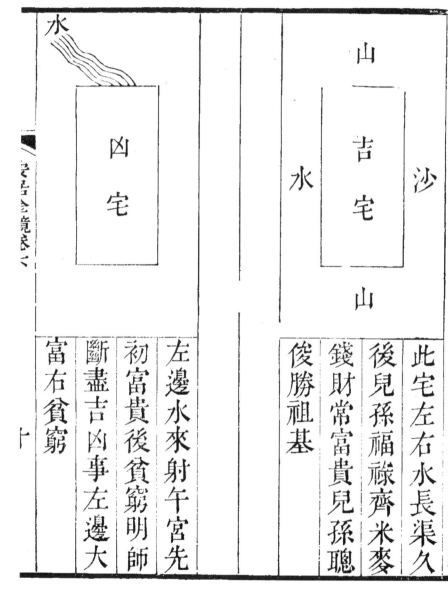

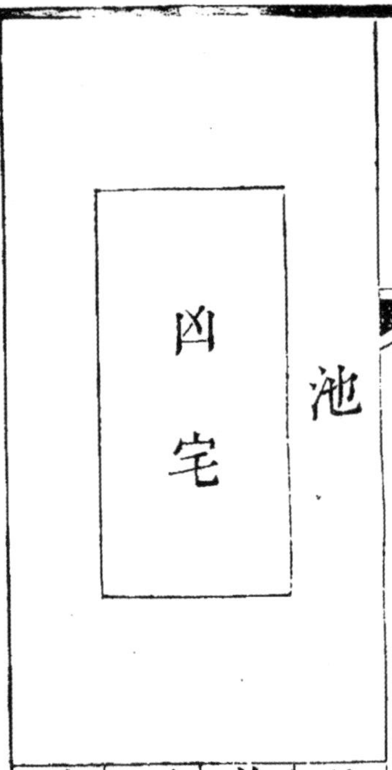

此屋西邊有水池人
若居之最不宜羊牛
不旺人不吉先富後
貧少人知

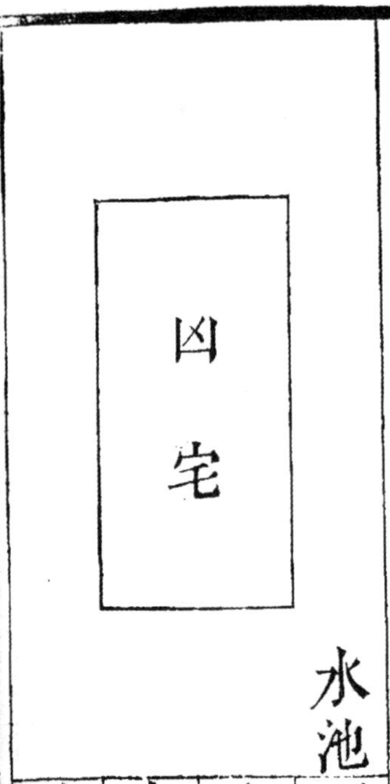

西北乾宮有水池安
身甚是不相宜若逢
喜事多悲泣先雖富
時終殘疾

後邊有山可安莊家財盛茂人最强若居此地人丁旺子孫萬石有餘糧

前有大山不足論不可安莊立墳塋試問明師凶與吉若居此地定滅門

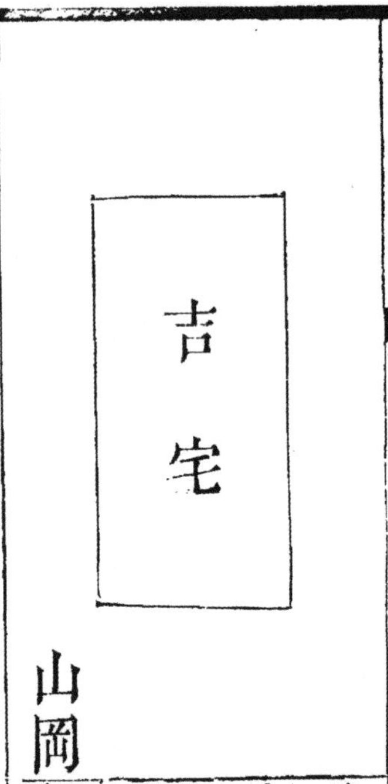

此宅後邊有高崗南下居之第一强子孫興旺田蚕勝歲歲年年有陳糧

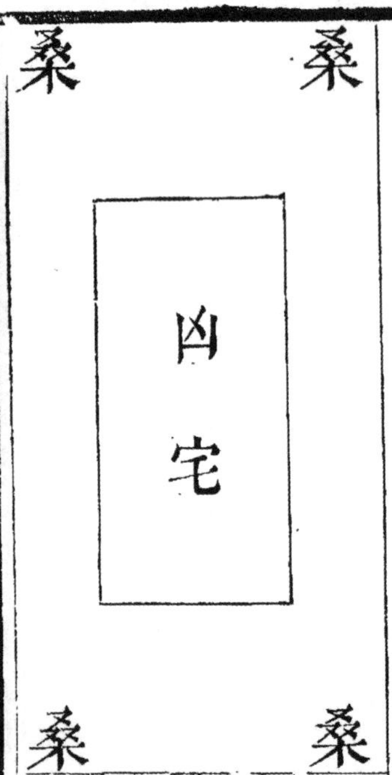

此宅四角有林桑禍起之時不可當若遇明師重改造免教後輩受恓惶

林墳林

凶宅

林墳林

此宅前後有墳林凡事未通不稱心家財破敗終無吉常有非災後必侵

墳　凶宅

左邊孤墳莫施工此地安莊甚是凶疾病纏身不終吉家中常被賊鬼侵

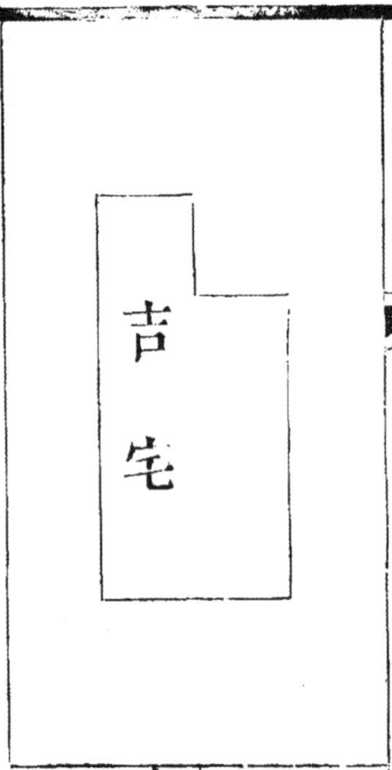

此宅右短左邊長假令左短有何妨後邊齊整方圓吉庶人居之出賢良

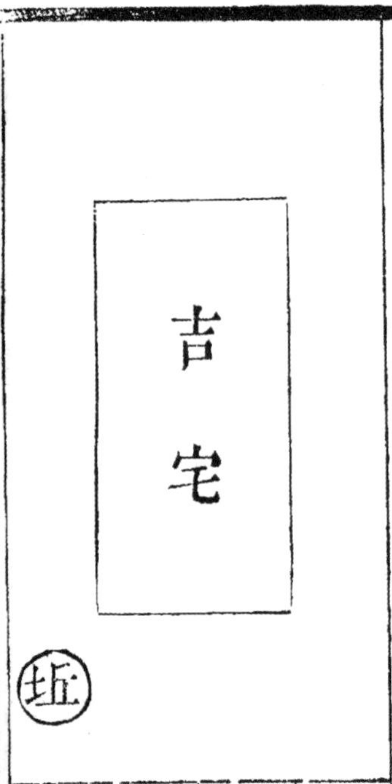

東北坵墳在艮方成家立計有何妨修造安莊終廸吉富貴榮華世世昌

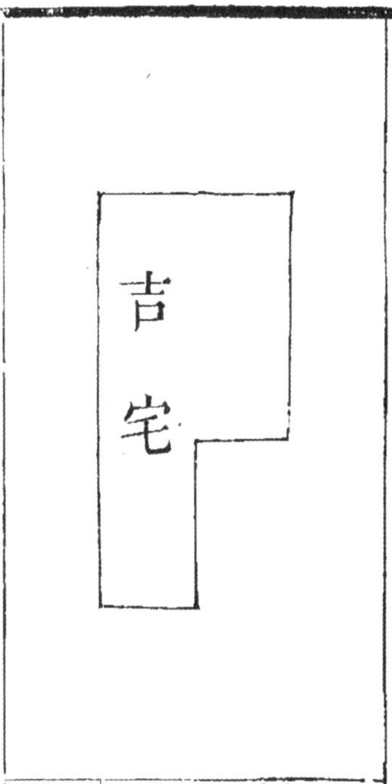

左短右長却安然後面夾稍前面寬此地修造入口吉子孫興旺勝田庄

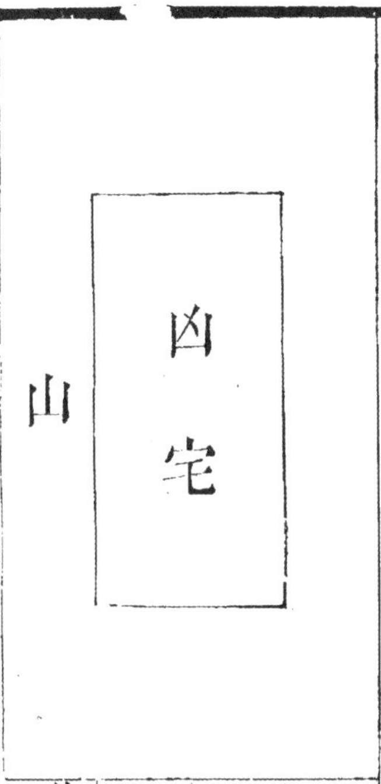

此宅東邊有大山又孤又寡又貧寒頻遭口舌多遭難百事先成後來難

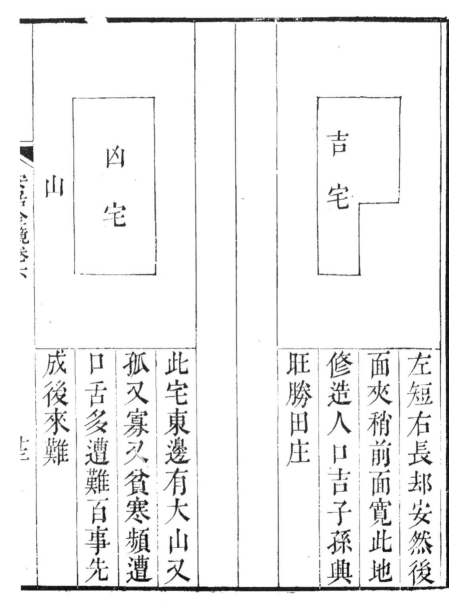

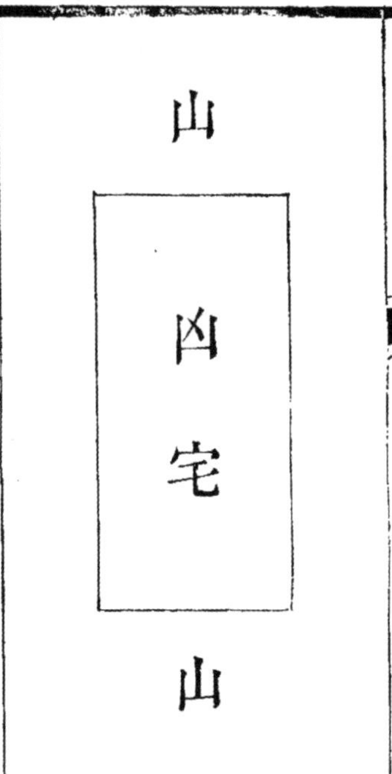

此地觀之有何如前山後山不堪居家貧孤寡出賊子六畜死盡禍有餘

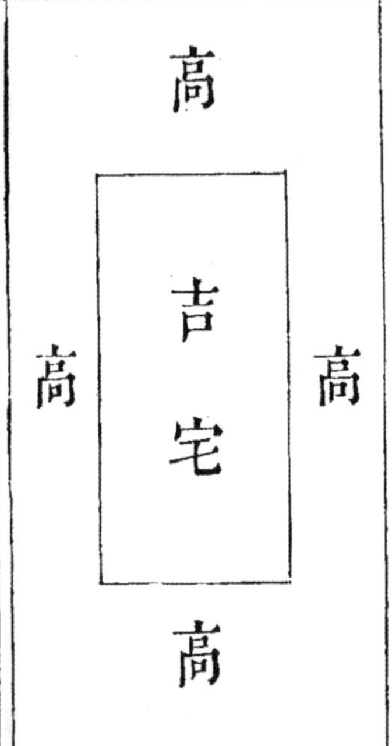

中央正面四面高修葢中宅福有餘牛羊六畜多興旺家道富貴出英豪

道

道　凶宅　道

道

四面交道主凶殃禍起人家不可當若不損財災禍死投河自縊井中亡

道　先吉後凶

此地只因道左邊久住先富後平安貴重之人終拋吉若逢賤者離家園

道 凶宅 道

兩邊白虎生災殃百
事難成有死傷賊人
偷盜錢財破又兼多
訟被官防

先吉後凶

道

此宅東北斜道行宅
西大道主亨通雖然
置下家財產破敗一
時就滅傾

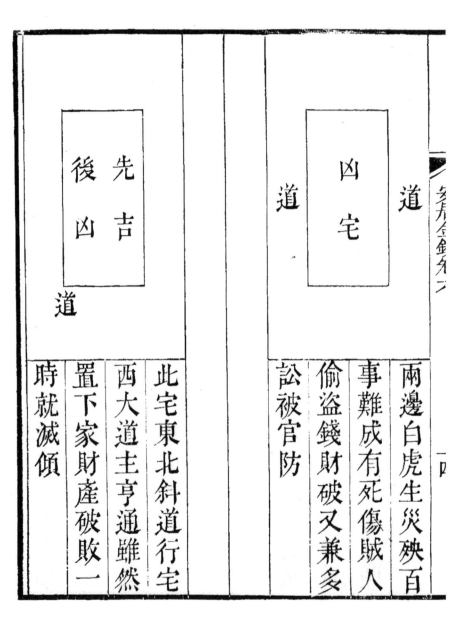

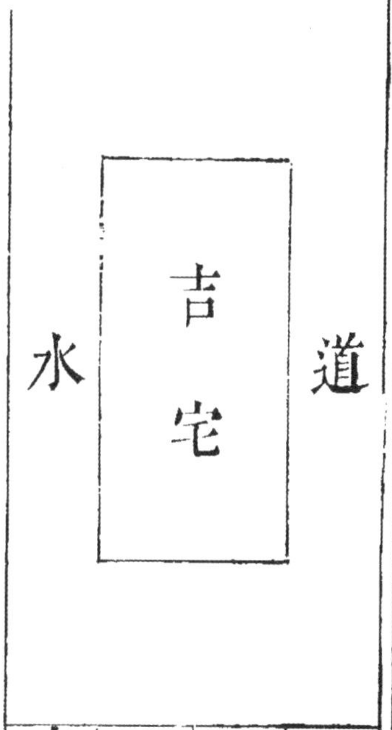

宅東流水勢無窮宅西大道主亨通因何富貴一齊至右有白虎左青龍

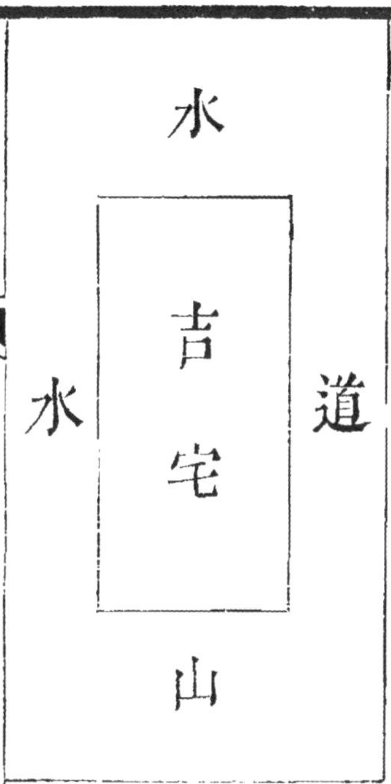

朱元龍虎四神全男人富貴女人賢官祿不求而自至後代兒孫福遠年

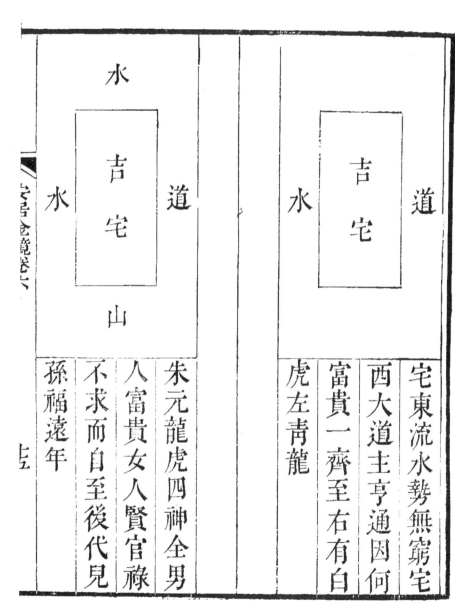

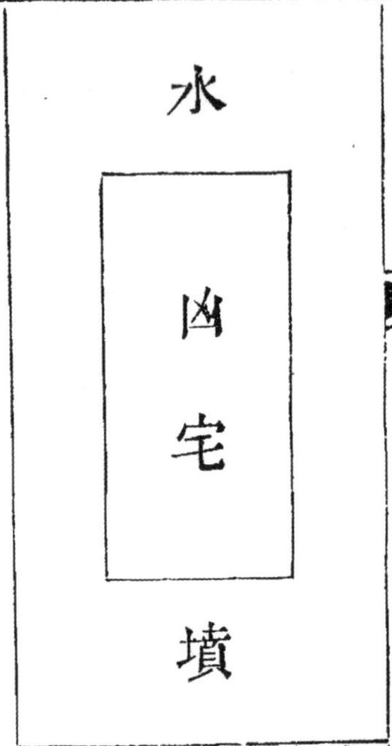

宅前有水後有坵十人遇此九人憂家財初有終耗散牛羊倒死禍無休

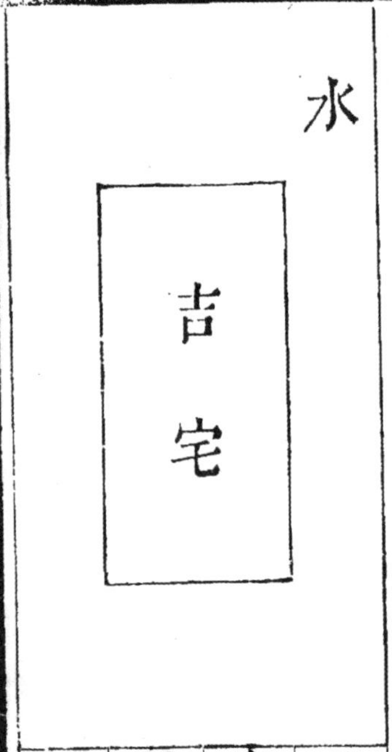

此宅安居正可求西南水向東北流雖然重妻別無事三公九相近王侯

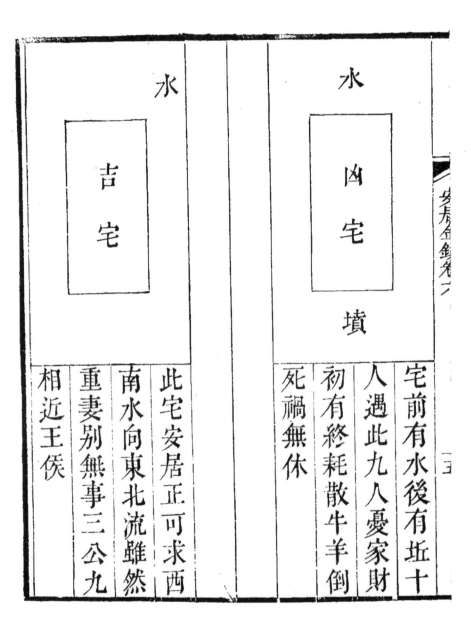

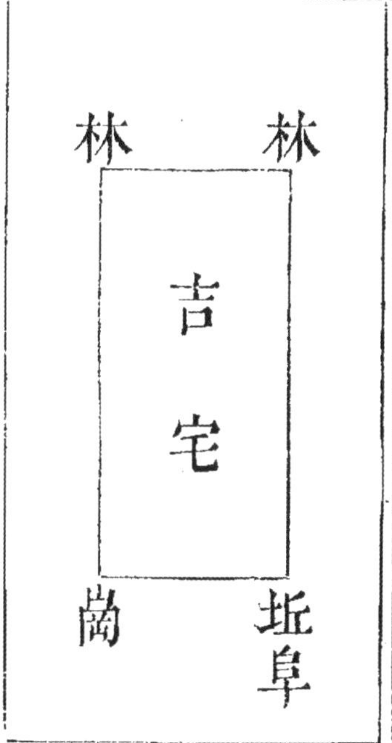

宅前林木在兩傍乾有坵阜艮有崗若居此地家豪富後代兒孫貴顯揚

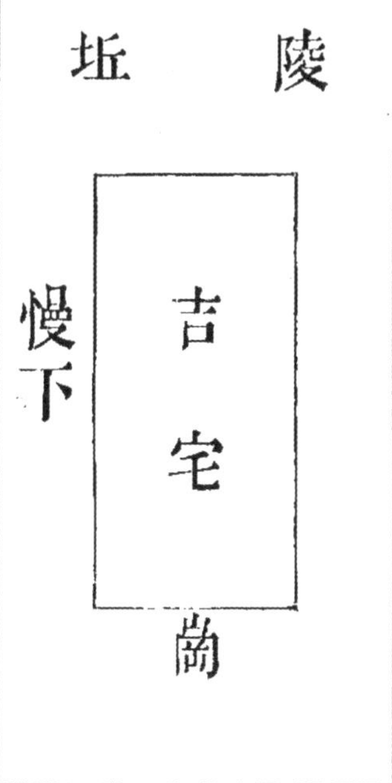

前有坵陵後有崗西邊穩抱水朝陽東行慢下過一里此宅安居甚是強

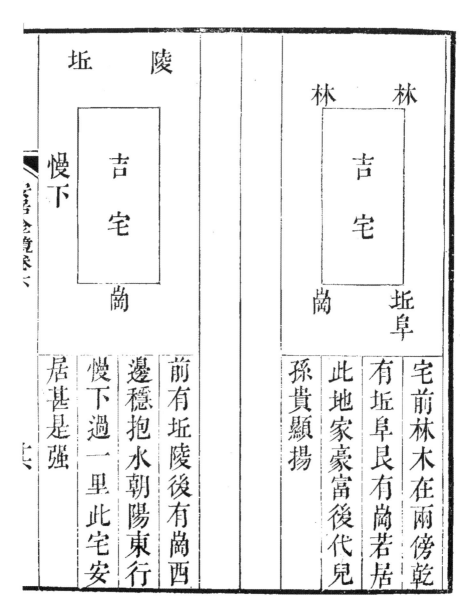

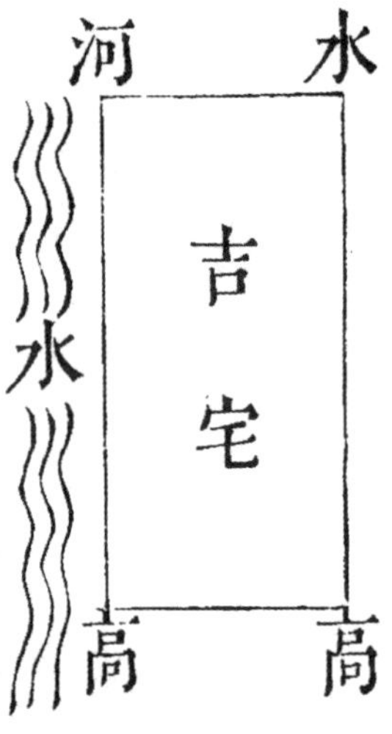

西來有水向東流東
顯長河九曲溝後高
綿遠見孫勝禾穀田
蠶歲歲收

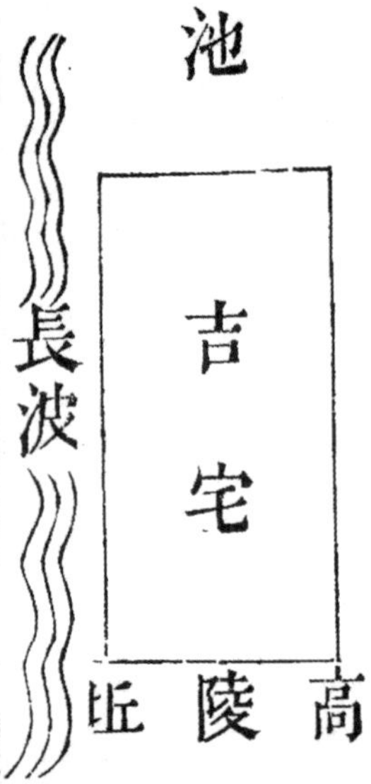

後高有陵前近池西
北仰仰顯高危天賜
富貴倉糧足輩輩兒
孫着紫衣

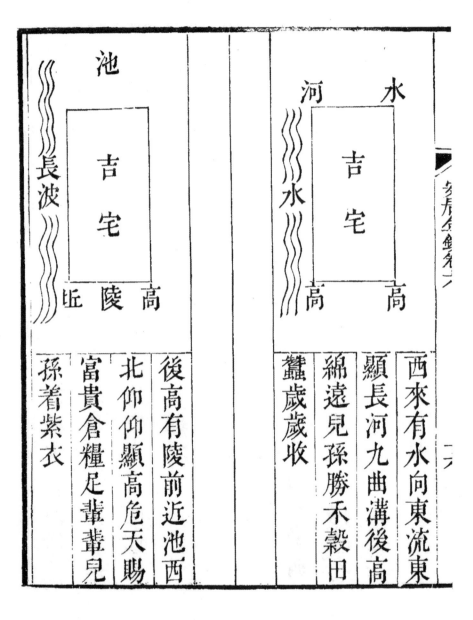

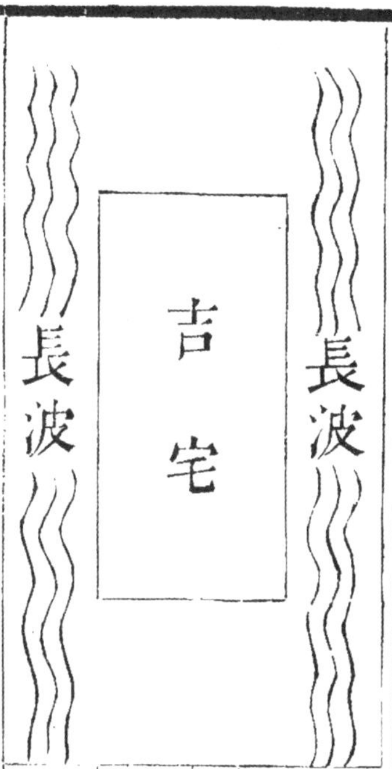

西有長波滙遠崗東
有河水鵝鴨昌若居
此地多吉慶代代兒
孫福祿強

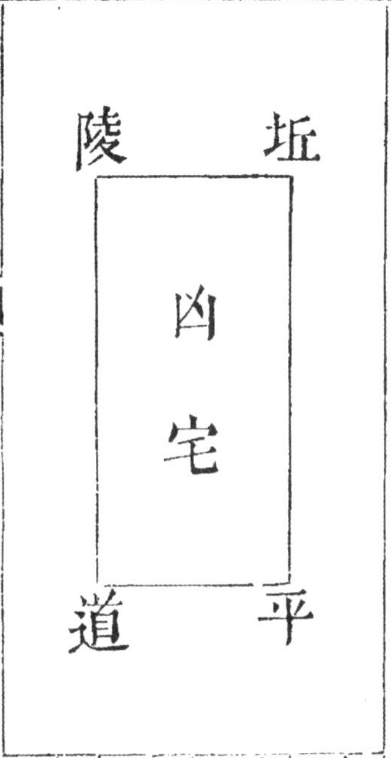

前邊左右有坵陵後
面東道遠平平巽地
開門家富貴不宜兌
路子孫冲

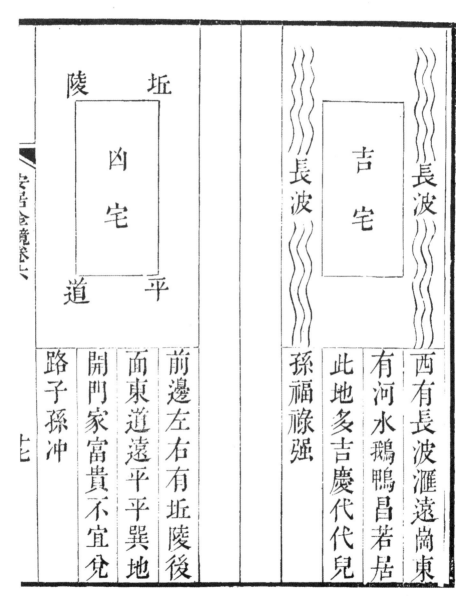

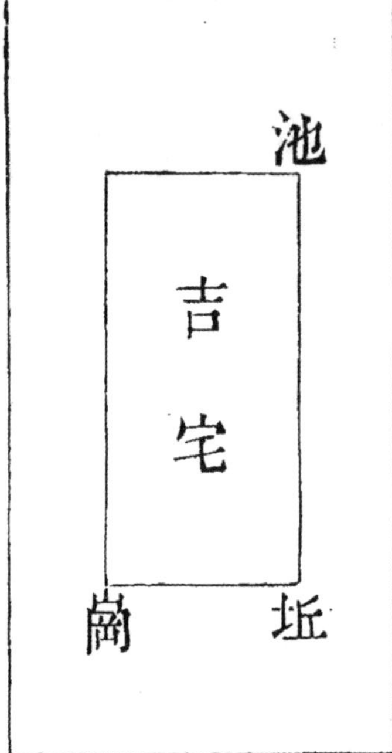

住宅西南有水池
西北坵勢更相宜
艮地有崗多富貴
子孫天錫有羅衣

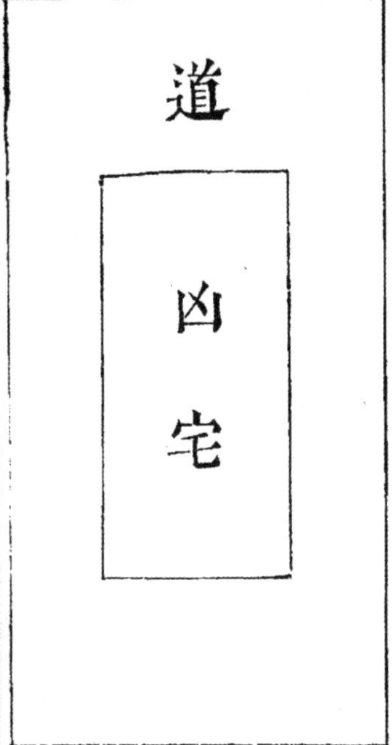

南來大路正沖門
速避直行過路人
急取大石宜改鎮
免教後人哭聲頻

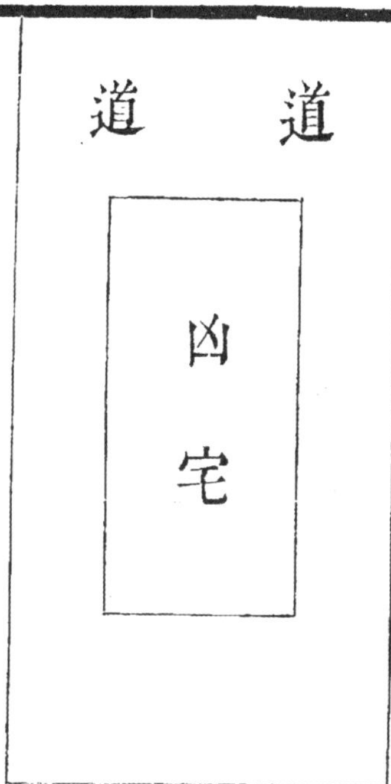

東西有道直冲懷定
主風病疾傷災從東
多用醫不可見孫難
免哭聲來

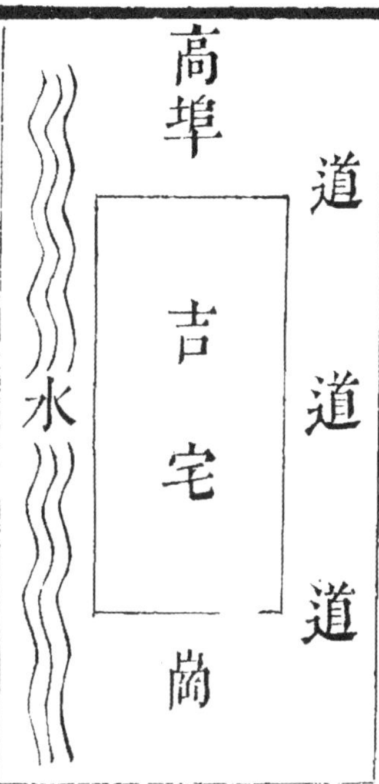

前有高埠後有崗東
有流水西道長子孫
世世居官位紫袍金
帶拜君王

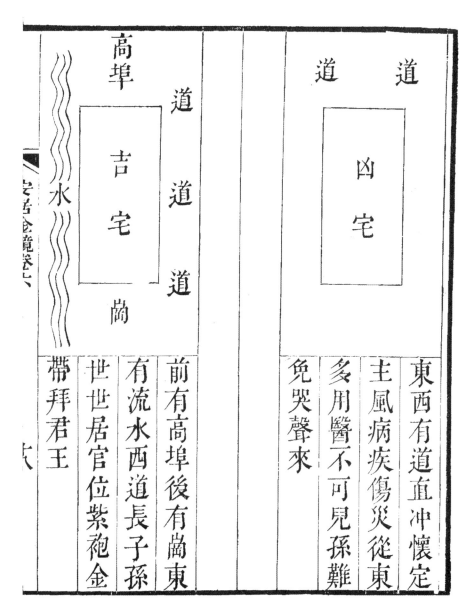

岗　平

吉宅

高　高　高

乾坤艮坎土岗高前平地勢有相饒立宅居之人口旺兒孫出衆又英豪

平　高

吉宅

高　平

西北仰高數里强東南巽地有重岗坤艮若平家富貴錢財萬倍足牛羊

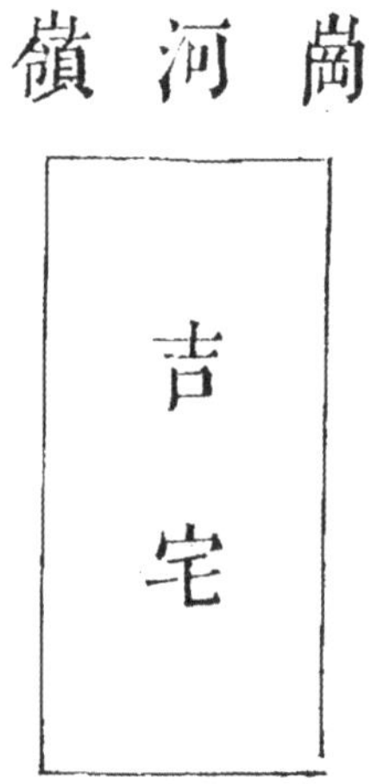

南北長河尺寬平東嶺西崗三兩層左右宅前來相顧兒孫定出武官人

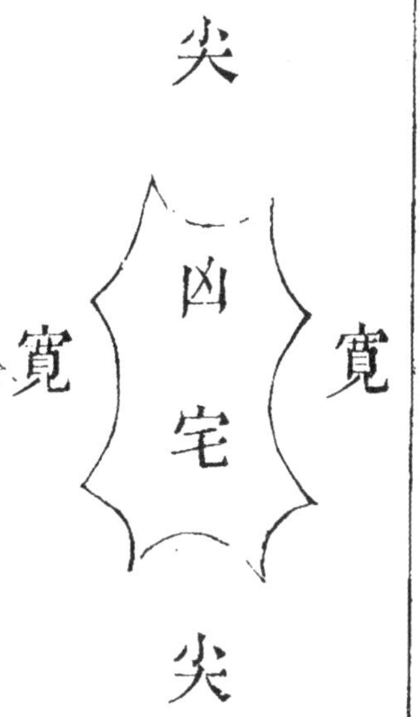

東西寬大兩頭尖嶺上安墳不足看此地若無前後勢家中男女衆人嫌

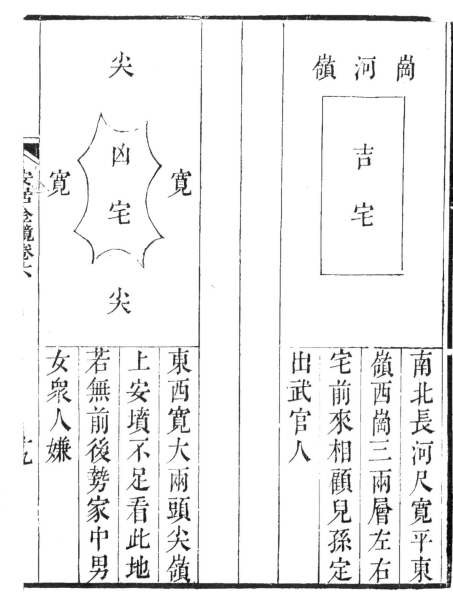

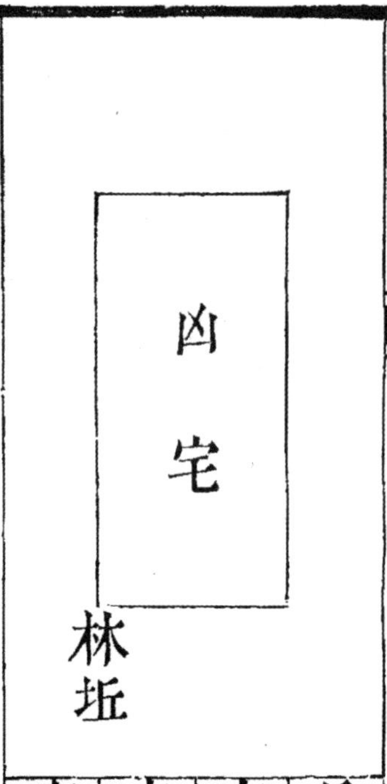

艮地孤墳一墓安莫交百步內中間久後痴聾並喑啞令人有病治難痊

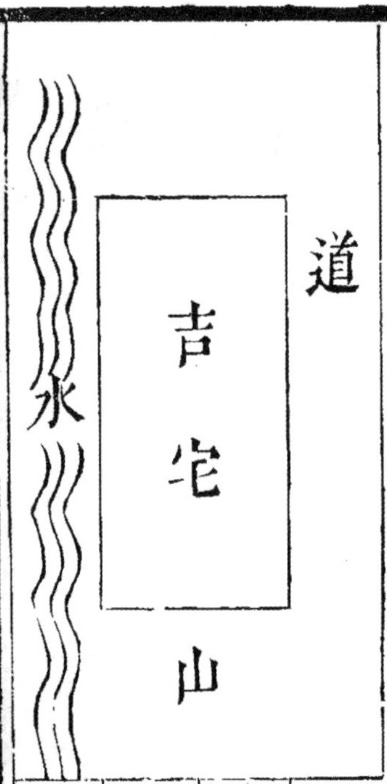

右邊白虎北聯山左有青龍綠水潺若居此地出公相不入文班入武班

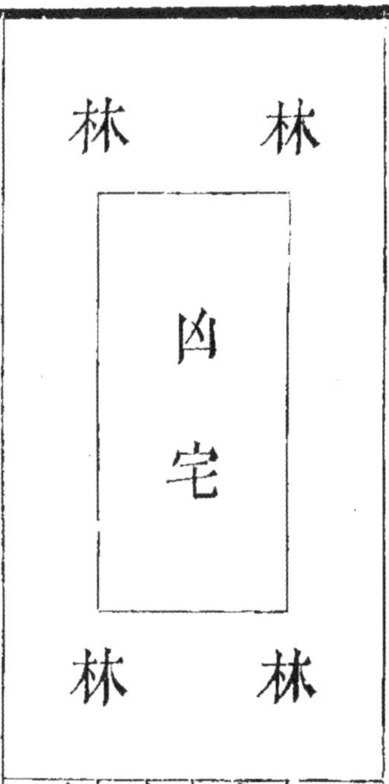

林中不得去安居田宅莫把作坵墳田蚕歲歲多耗散宅內驚憂鬼成精

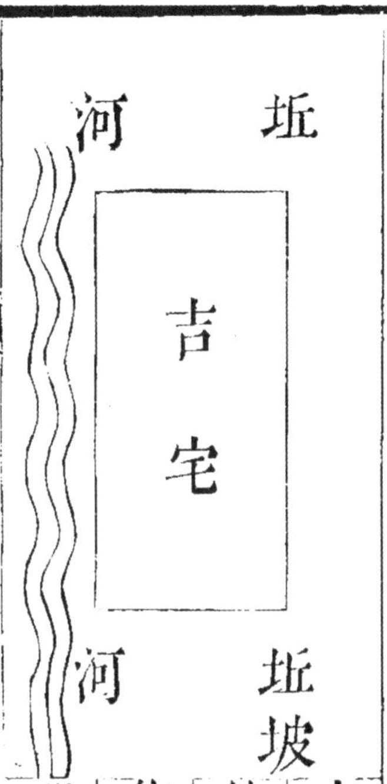

宅東南北有長河坤乾坵墓近大坡此地若居大富貴更兼後代子孫興

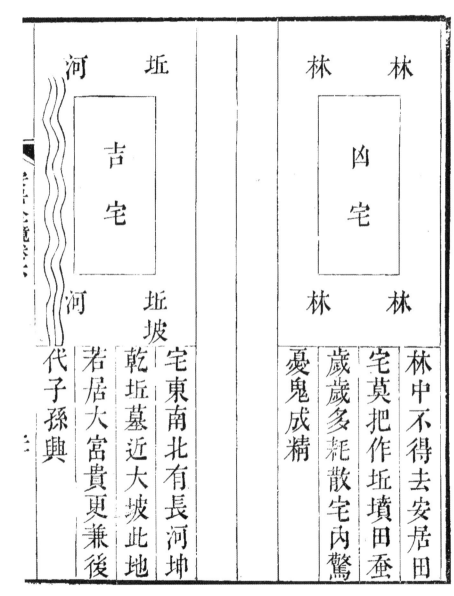

凶宅

道

北有大道正沖懷多
招盜賊破錢財男人
有病常常害貧窮不
和鬧有乖

道　道

吉宅

東西有道在門前莫
把行人斷遮攔宅內
更有車馬過子孫富
貴的安然

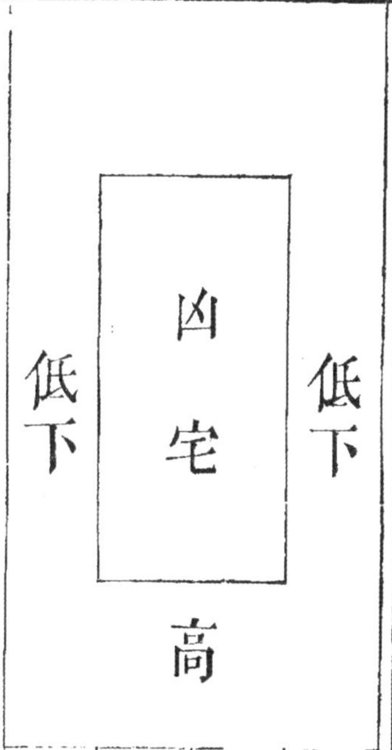

兩邊低下後邊高婦人守寡受勤勞多招接腳并義子年深猶自出貧消

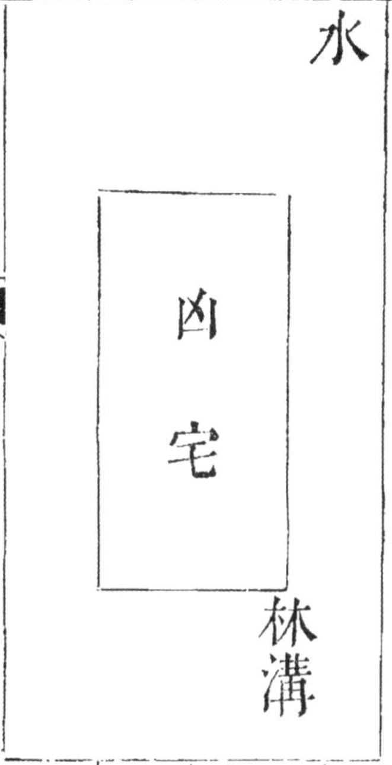

乾地林木婦人淫溝河壼見死生人坤地水流妨老母子孫後代受孤貧

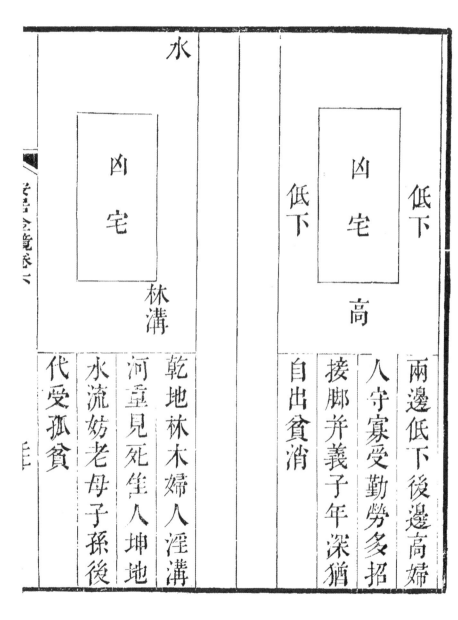

墳

吉宅

林

庚辛壬癸有墳林可
取千株鬱鬱林正對
宅舍六十步兒孫換
改舊家門

坵　廟

凶宅

寺

寺廟坵墳切要知不
分南北共東西離宅
未有一百步已後傷
人殺子孫

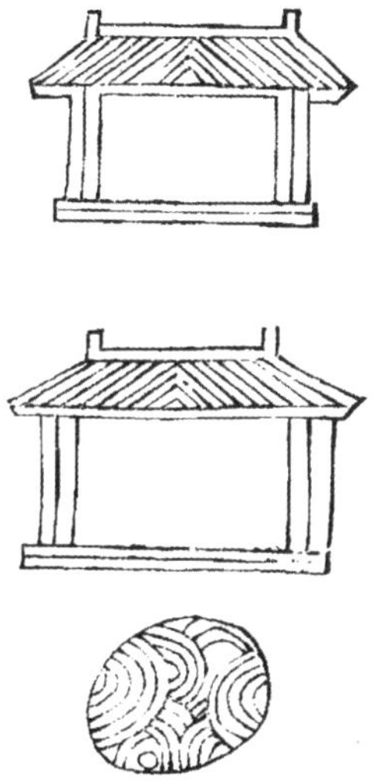

此個明堂出寡娘少
年眼疾墮胎亡癆瘵
氣疾人丁有流水兒
孫實可傷

青龍若有二山隨其
家養女被人迷招郎
義子其家破不出軍
時有匠賊
逆水爲吉出人狡猾
順水爲凶換姓過活

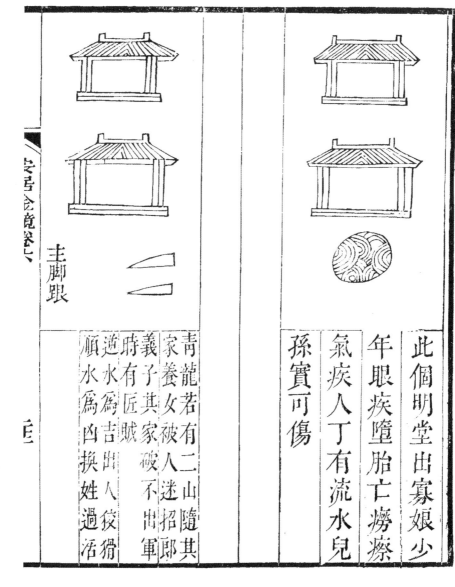

患脚跟

白虎若見二山隨定教婦女被人迷二姓之家來合活忤逆人家媳罵姑

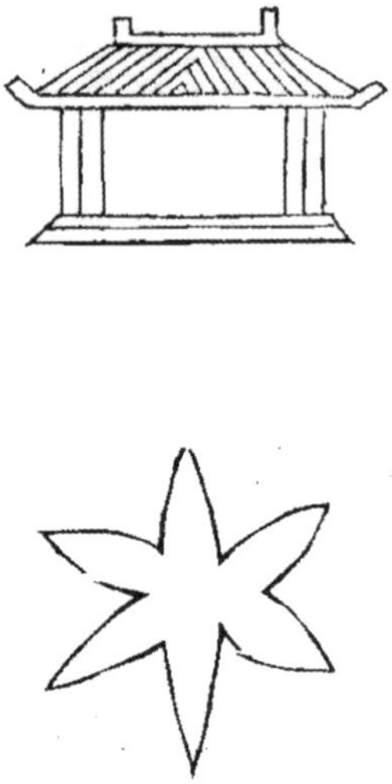

若見明堂似廉貞斷定眼疾少光明家生氣疾虛勞死將來致死滿門庭

明堂形似破軍星不出軍令出匠眞損屍外死家退落孤寡臨門二姓入

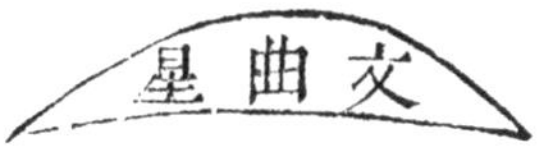

文曲明堂在面前男女風聲此處生男少女多眞不吉招郎納壻過浮生

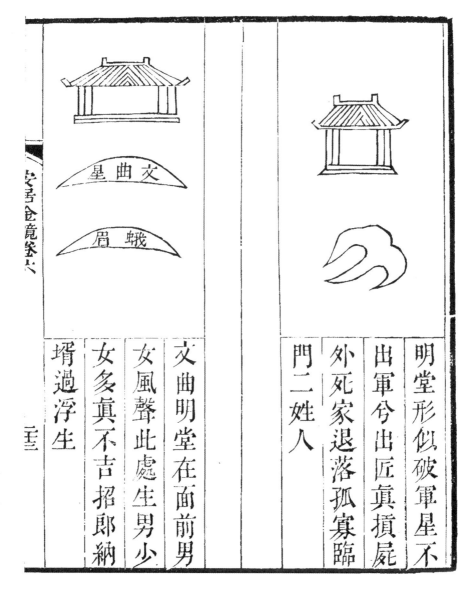

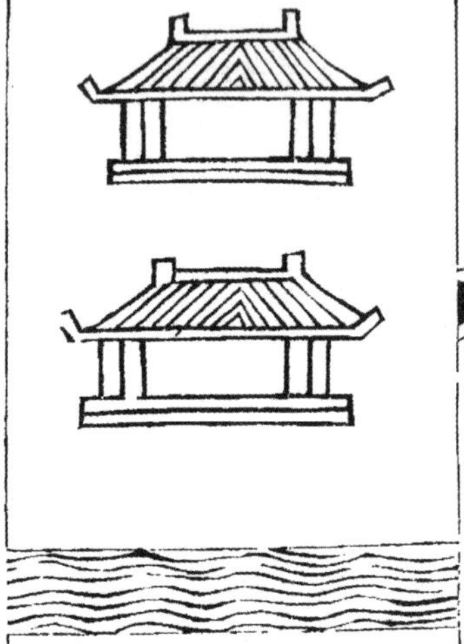

玉帶水

門前若有玉帶水高官必定容易起出人代代讀書聲榮顯富貴耀門閭

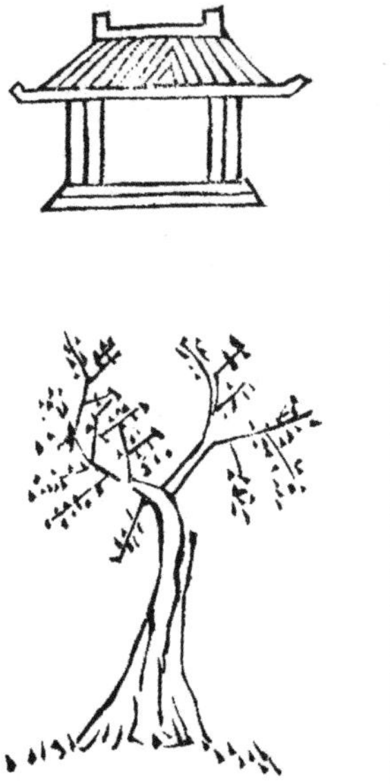

此樹門前人不知家招寡母哭聲悲二姓同居招女壻血財損盡又瘟迷

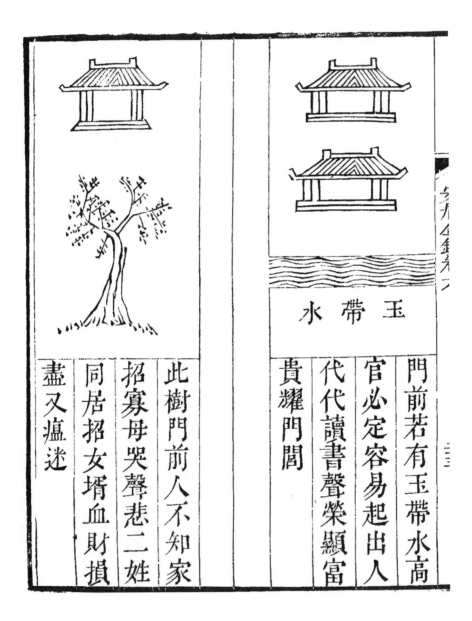

門前若有兩等樹斷定二姓同居住大富之家招二妻孤翁寡母泪沾衣

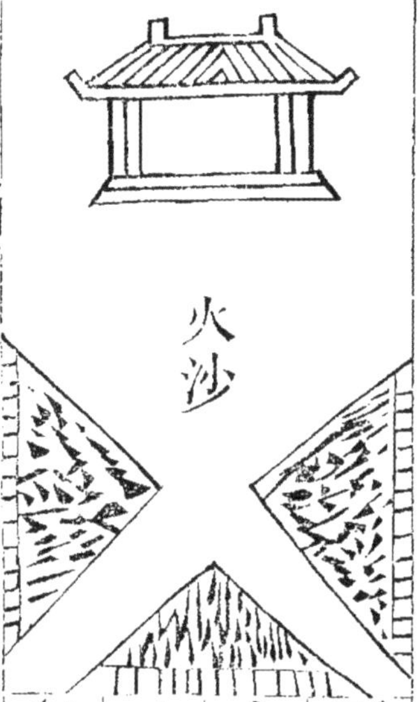

面前凶砂若有此左火尖來兄必死右火冲身弟必亡當面尖射中此是

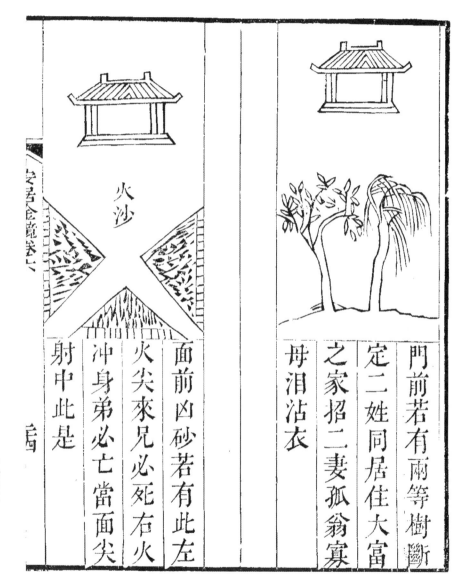

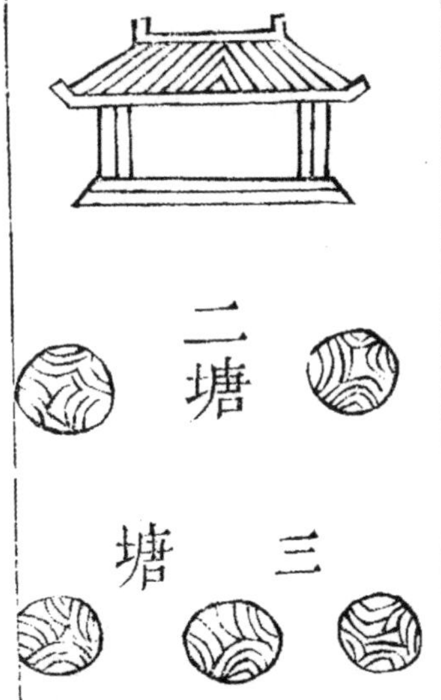

門前三塘及二塘必啼孤子寡母娘斷出其家眞禍福小兒落水泪汪汪

逆水廉貞爲谷將順水廉貞是退神又名喚作詞訟筆出入狡猾不堪云

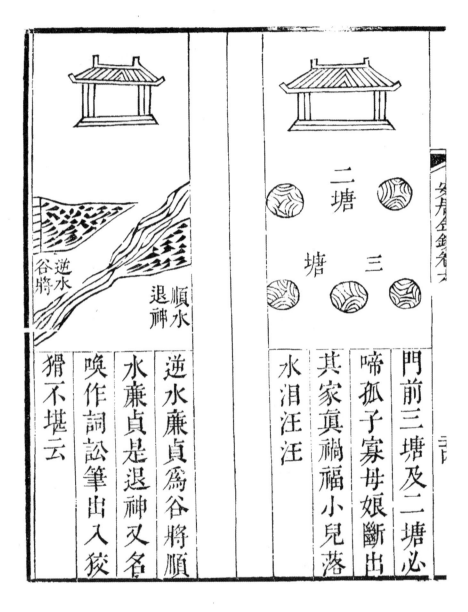

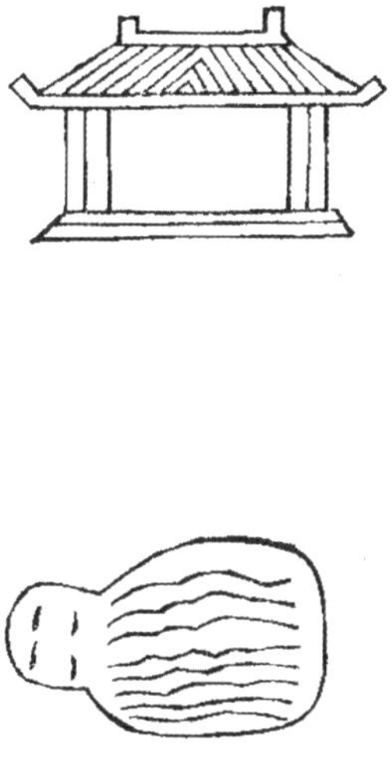

明堂若見似苙搥少
年枉死此中是吐血
傷人凶惡死少年孤
母紛紛起

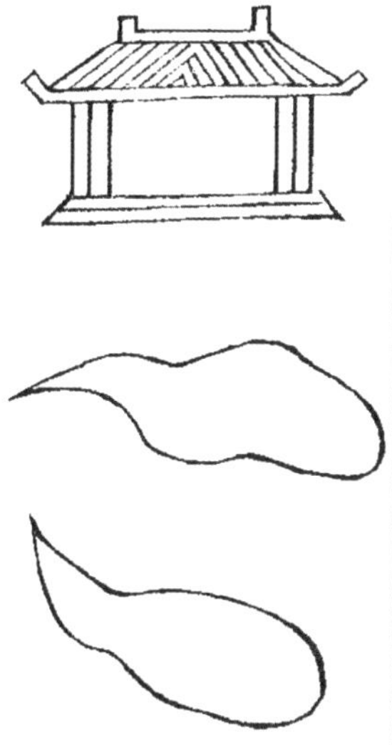

若見鵞頸鴨頸前淫
亂風聲處處傳孤寡
少年不出屋男跏女
跛不堪言

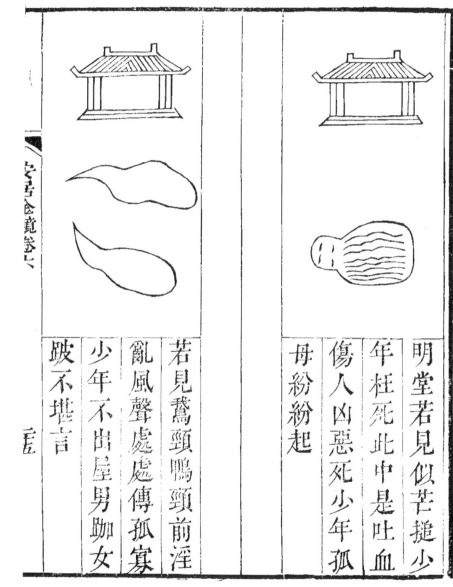

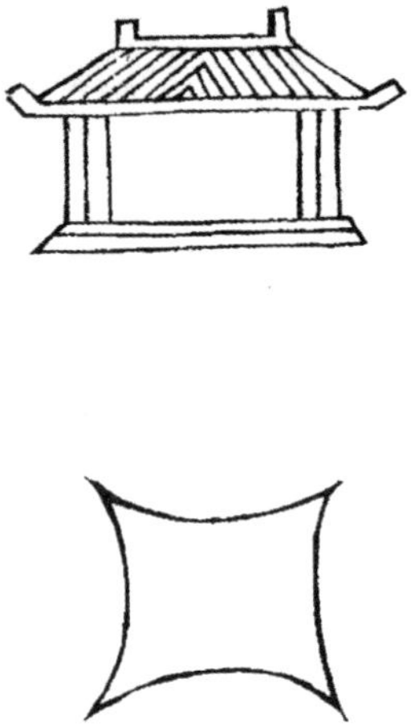

明堂三尖并四尖斷
他致死禍淹淹定出
氣淚及患眼更兼脚
疾甚難痊

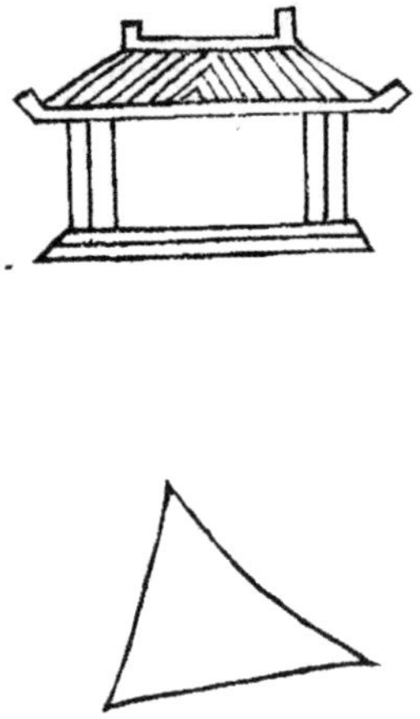

若見明堂三個角瞎
眼兒孫因此哭单傳
人口多少亡氣痛其
家常不脫

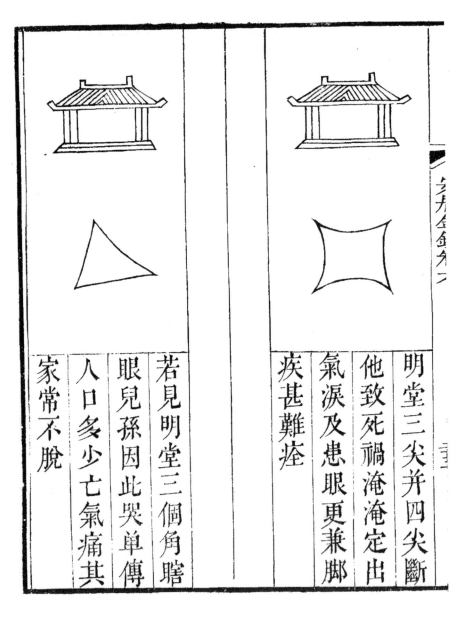

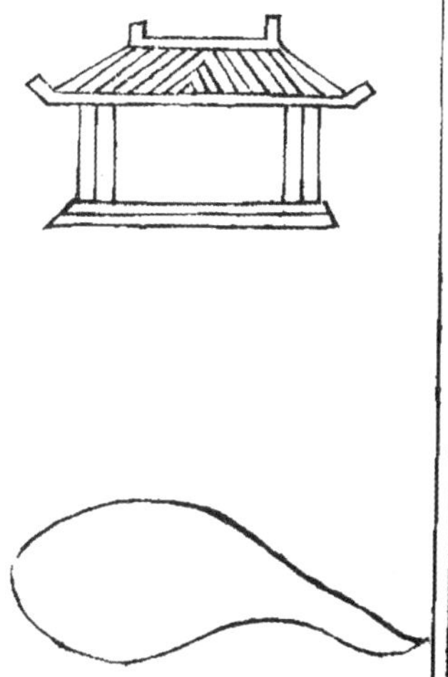

明堂返轉似裙頭家中淫亂不知羞孤寡少亡端的有瘟癀痳痘染時流

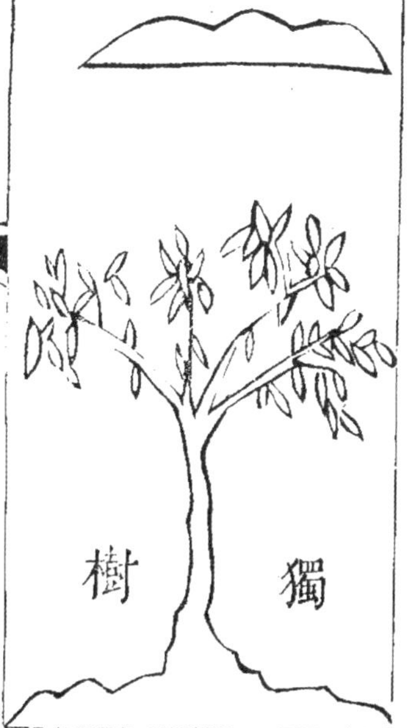

獨樹孤峯如頂笠僧道尼姑從此出更出瘟疾眼無光忤逆爭鬬事不一

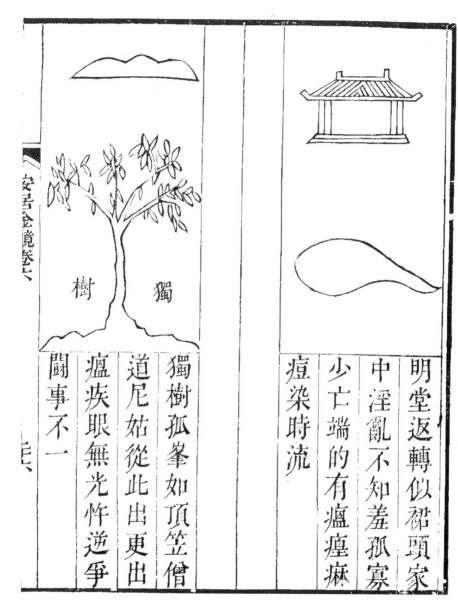

面前退神搛明堂代代兒孫主少亡順水田園都賣盡家中縱好也徒然

面前一山如入舞家中定出風顛子時常妖怪入家門手足之災定不虛

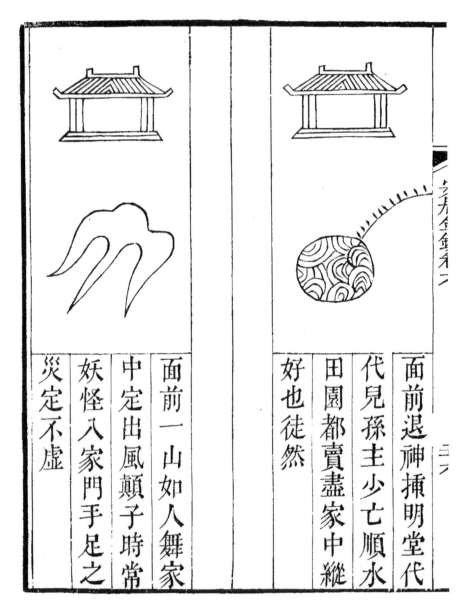

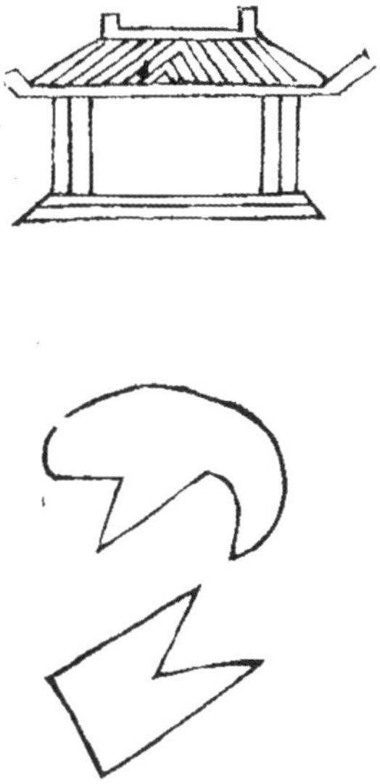

此個山頭在面前風
癱入出退田園獻花
淫慾多端事老子將
來把火燃

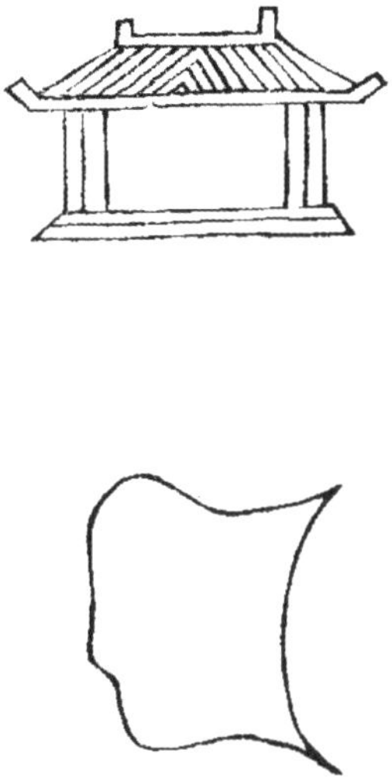

若見明堂似祿存三
年兩度定遭瘟蛇傷
牛鬬風傷事曲背跎
腰聾啞八

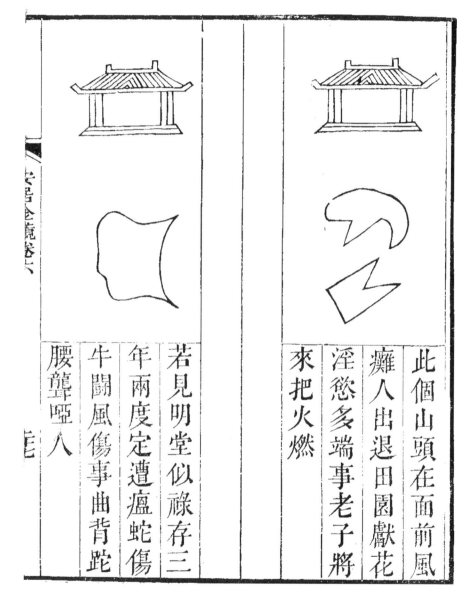

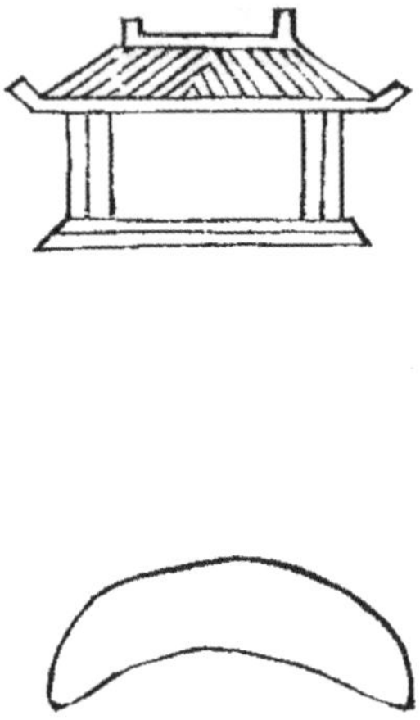

若見明堂似牛軛定
斷其家會做賊瘟瘽
疾病不離門少死人
丁哭不絕

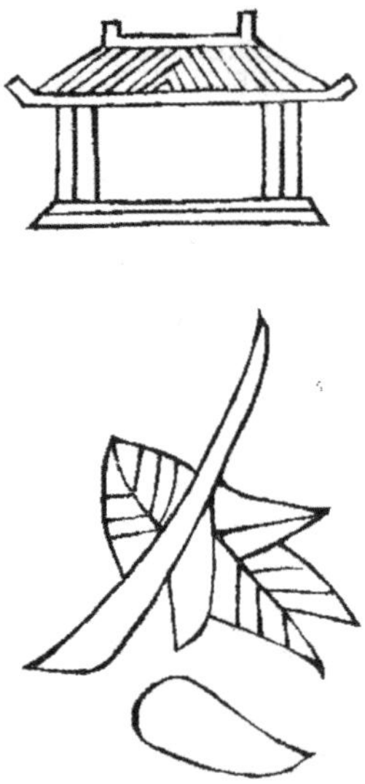

拖尸之山如此樣勸
君仔細看形相縊頸
之山白路行時師法
術要消詳

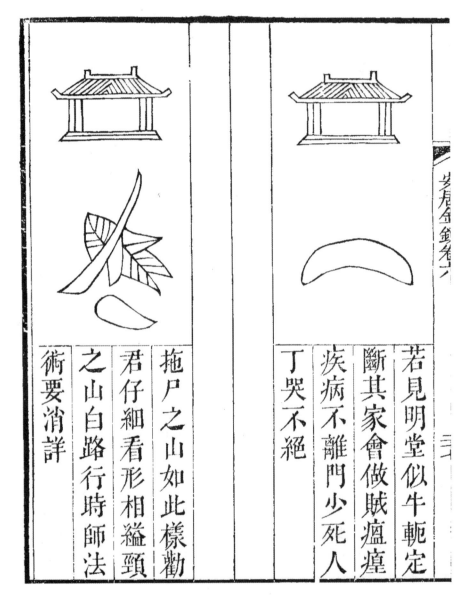

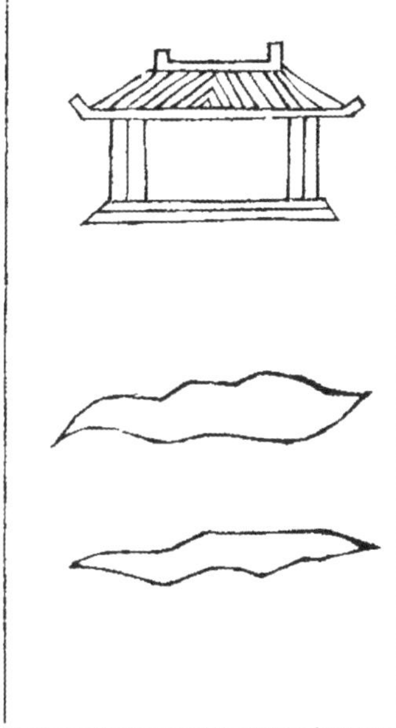

若見明堂似蜒蚰黃
腫隨身出雲遊懶惰
兒孫帶脚疾兒孫產
難盡遭尤

竹木倒垂在水邊小
兒落水不堪言欄柵
添置猶防可更有瘟
災發酒顛

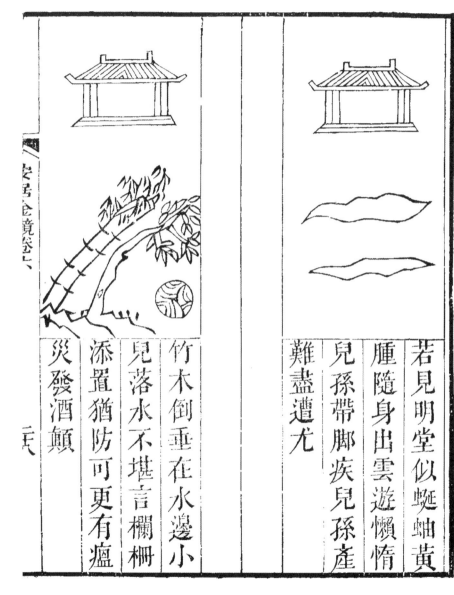

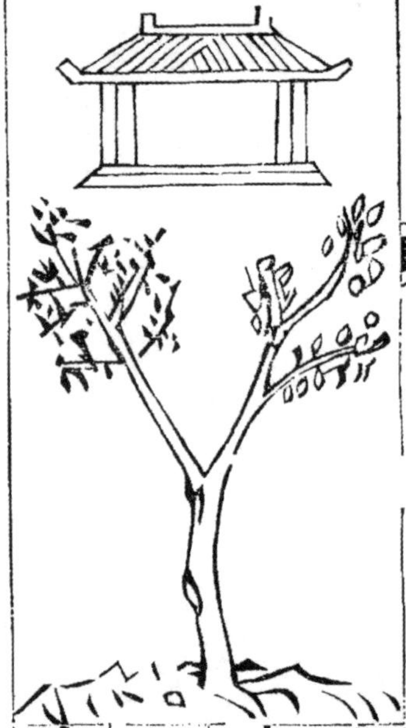

獨樹兩枝冲上天牽
連官事苦憂煎斷他
年月無移改坐向宮
主細推言

獨樹生來無破相必
定換妻孤寡眞孤辰
寡宿定分明無兒無
女妙通神

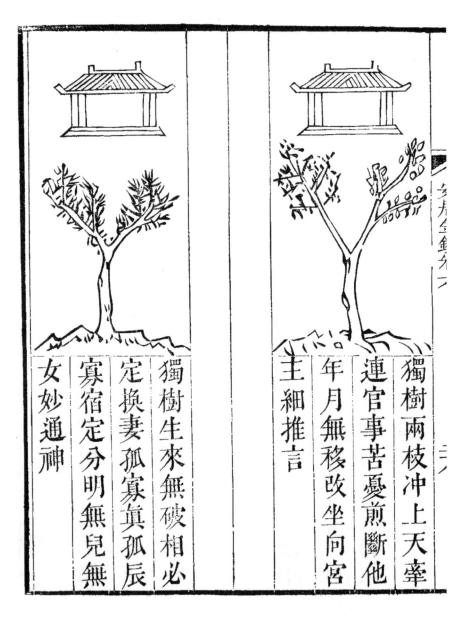

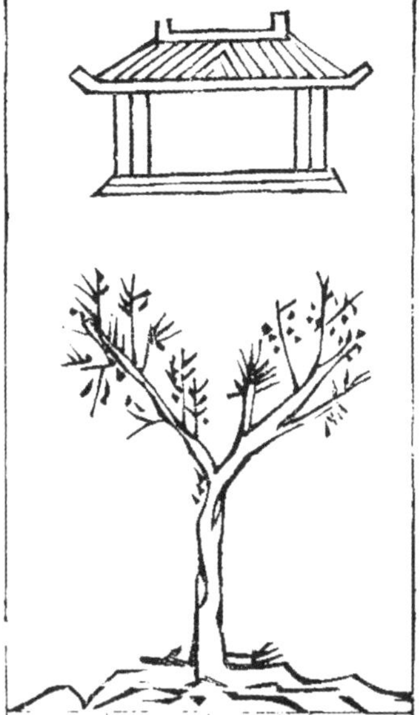

祿存重樹在門前二
房喑啞不能言又主
出入瘸跛疾招瘟動
火主憂煎

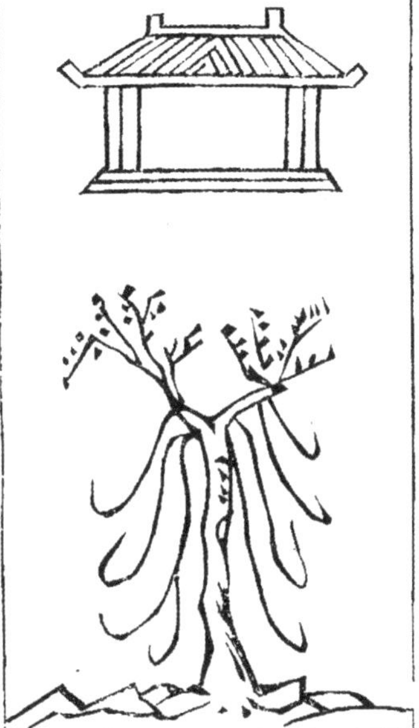

黃泉破軍有藤樹斷
定干連官事至攀扯
相爭入法場只爲姦
情盜賊赴

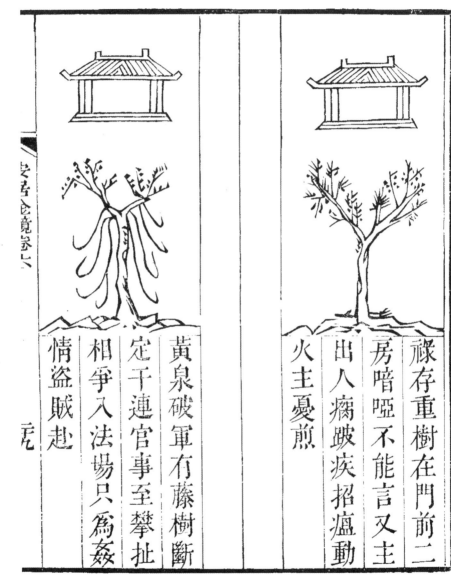

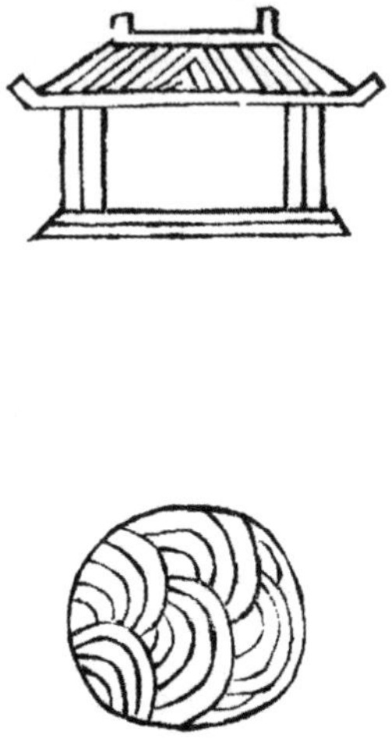

塘

黃泉破軍若有塘必
主小兒落水亡祿存
有廟及空屋必主陰
人自縊當

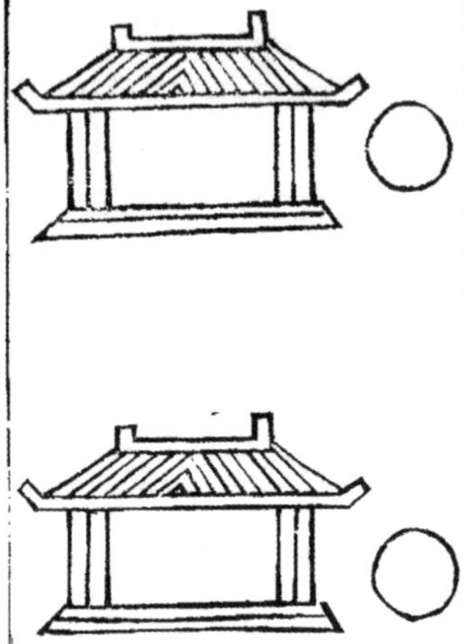

小屋孤峯三兩交迭
迭重重寡婆招墮胎
瞎眼此中出說與時
師仔細消

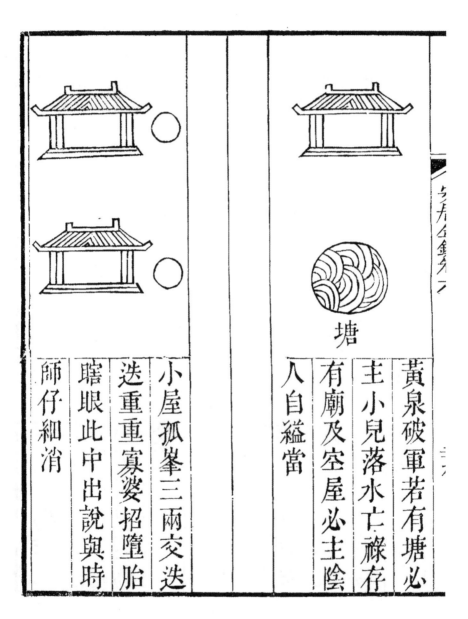

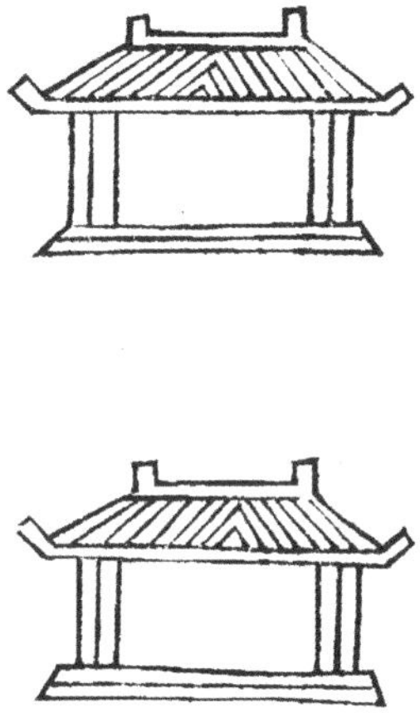

停喪破屋在面前其
家官事起連連常招
怪物門庭入血財盡
死又瘟纏

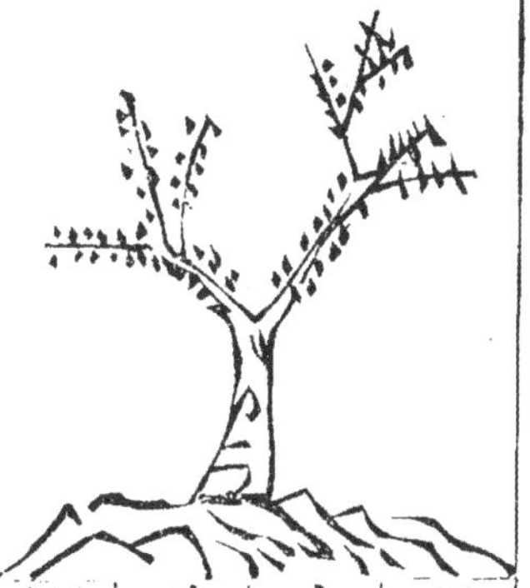

此樹入家忤逆眞其
家兄弟打相論子罵
父兮天道滅媳欺姑
媽失人倫

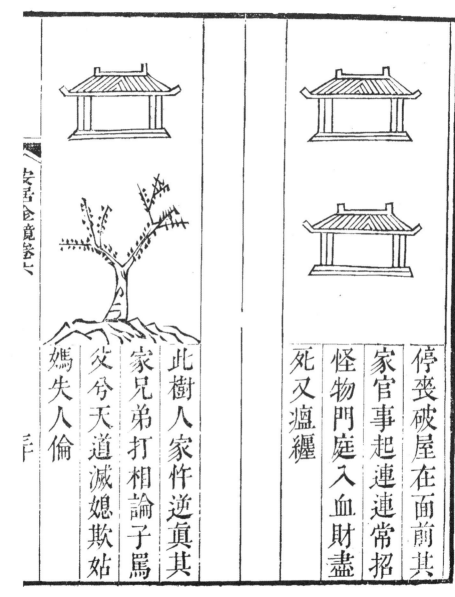

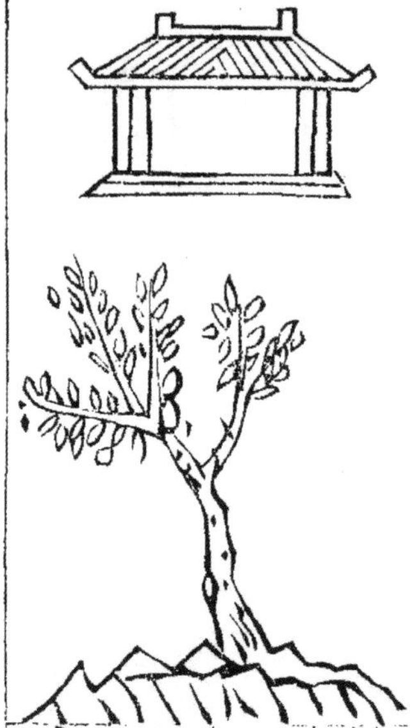

離鄉之樹頭向外定知落水遭徒配曲背跎腰瞎眼人小鬼入家驚作害

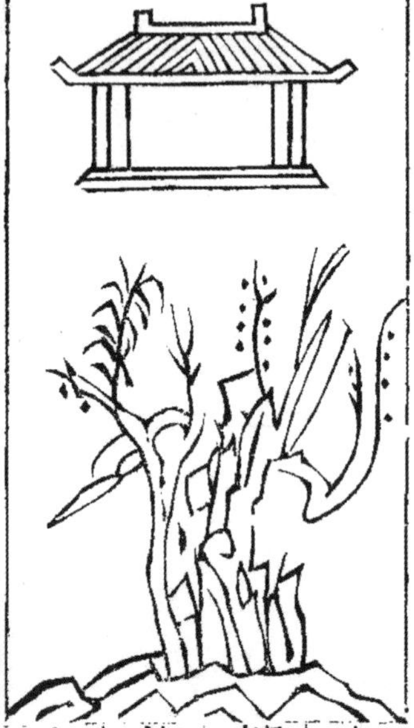

鬼怪之樹癰腫前盲聾喑啞癆病纏婦人惹惟常來宅偷雞弄犬使人顛

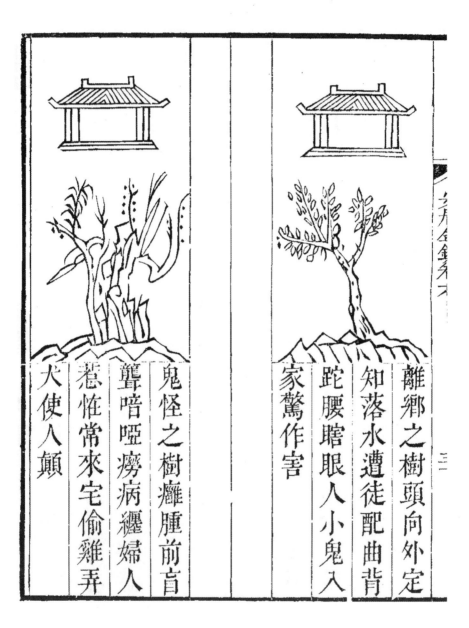

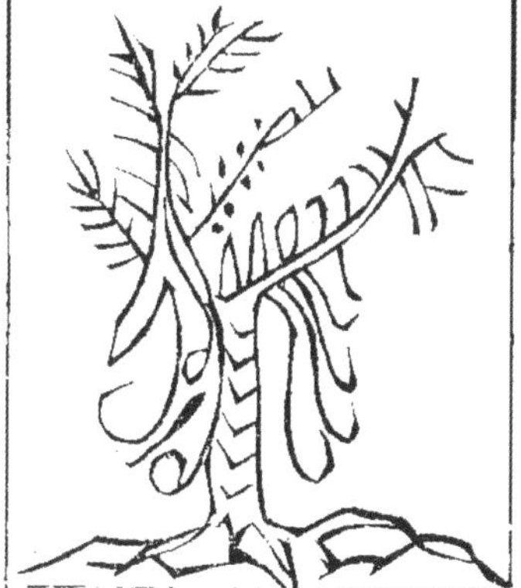

縊頭之樹藤纏上要
在祿存方上見婦人
口舌攪親隣遭瘟動
火入黃泉

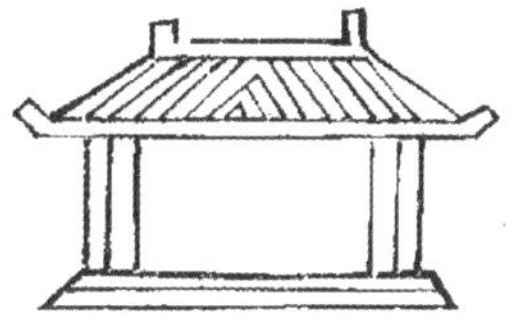

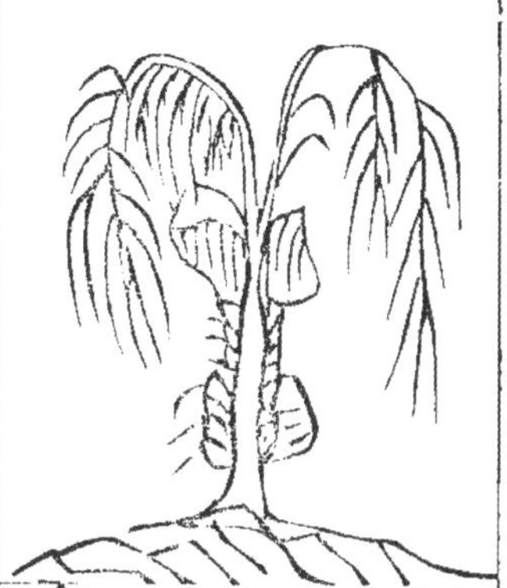

怪樹腫頭又腫腰姦
邪淫亂小鬼妖貓鼠
豬雞并作怪疾病癆
瘵不會饒

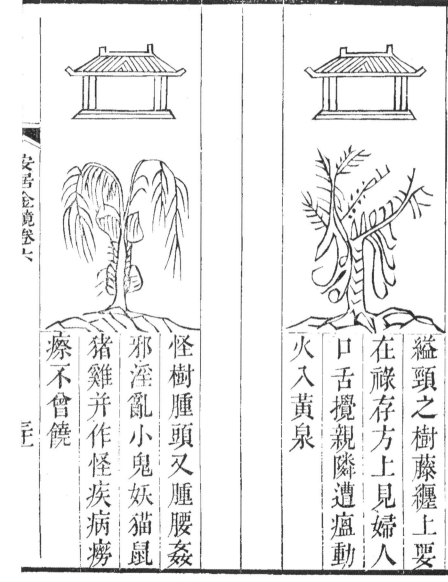

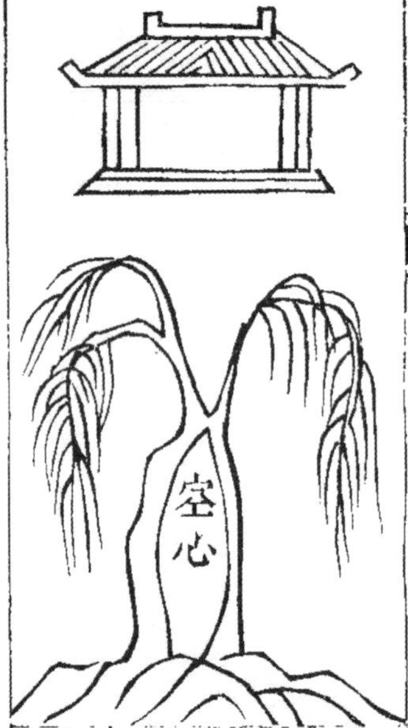

空心大樹在門前婦
人癆病叫皇天萬般
吃藥皆無效除了之
時禍斷根

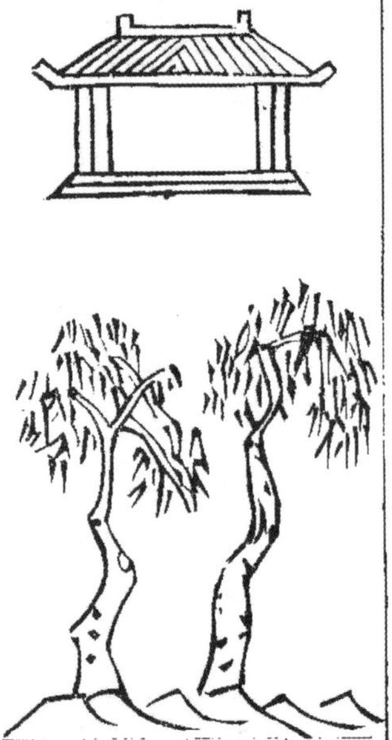

妖怪之樹人不識文
曲之方真不吉男貪
淫慾女貪花破壞風
聲情似蜜

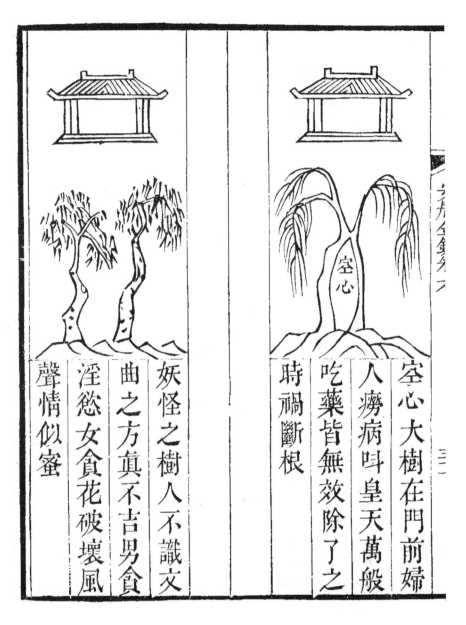

腫頭之樹人難辨破
軍方位不可見生離
外死不思歸寡母泪
濕香腮面

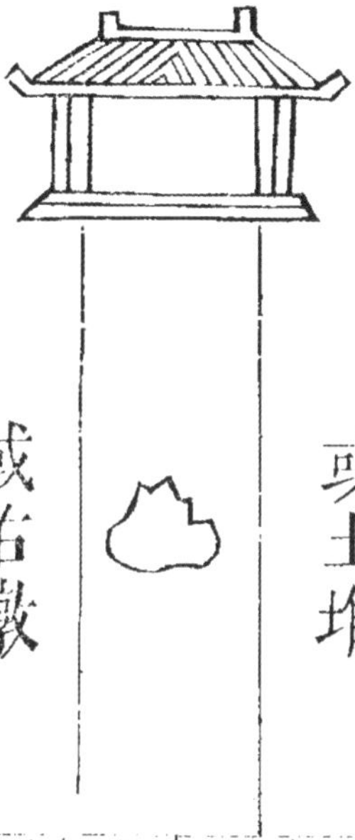

面前若見生土堆墮
胎患眼也難開寡婦
少亡不出屋盲聾瘖
啞又生災

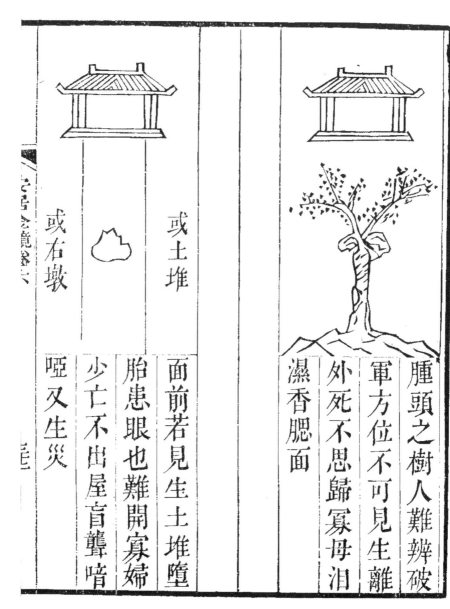

路捲向前

門前水路捲向前家中淫亂不堪言孤寡少亡傷敗事家中動火又瘟纏

尖砂

門前若見此尖砂投軍做賊夜行家出入眼疾忤逆有兄弟分居餓死爺

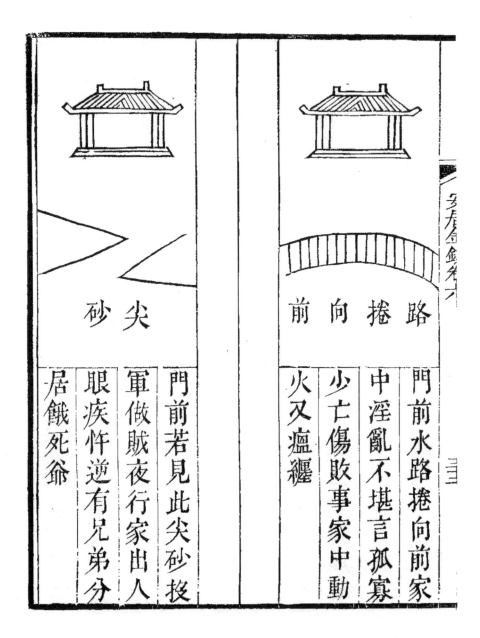

門前水分八字圖賣盡田園離鄉土淫亂其家不用媒定出長小離房祖

若有此塘當面前代代癆疾不堪言一塘便斷一人喪何寵不與外人傳

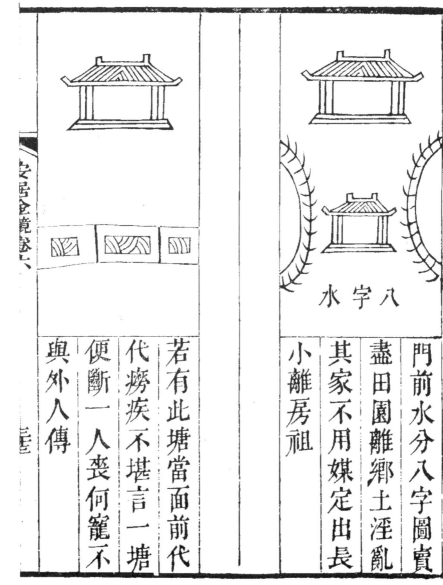

大池

明堂此塘在面前三四寡婦鬧喧天時師不識其中病此煞便爲喪禍源

鐮鉤

大城左右不朝墳鐮鉤返生樣爲凶孤寡徒流傷敗事家中又見遭時瘟

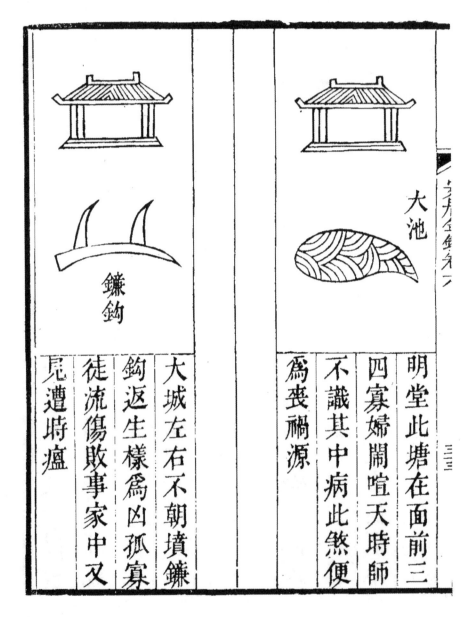

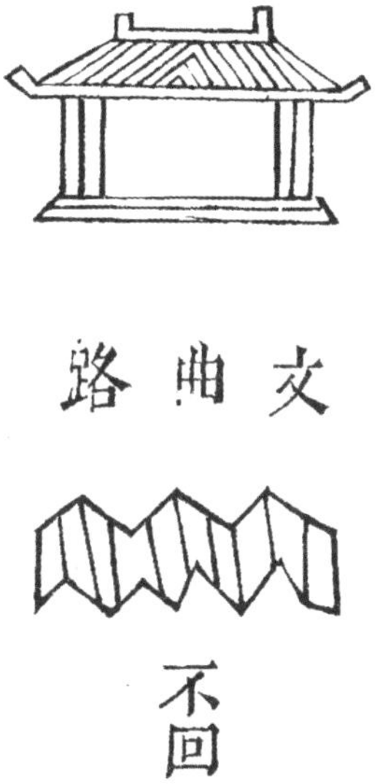

離鄉迢迢是此路兒
孫出外皆發富若然
直去不回還定出離
鄉不歸屋

門前有路川字行破
財年年官事與若然
直射見明堂三箭三
男死却身

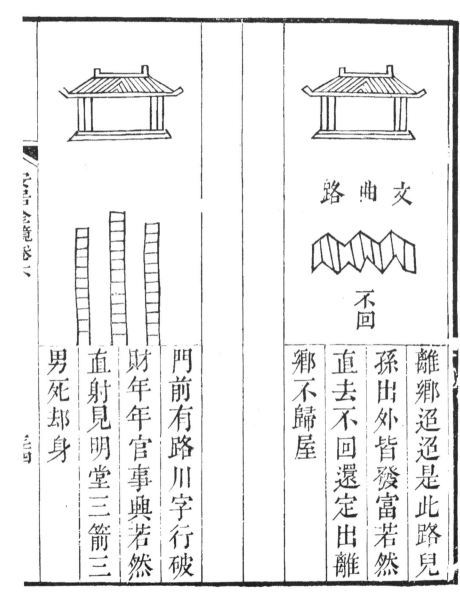

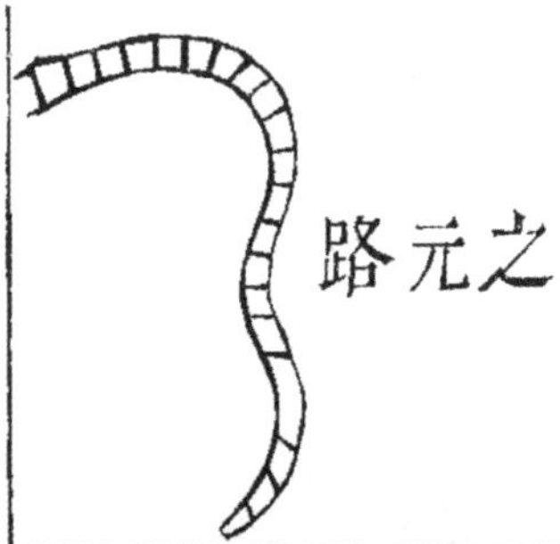

當面若行元字路其家財穀多無數面前恰似蚯蚓行定出癆瘵病多苦

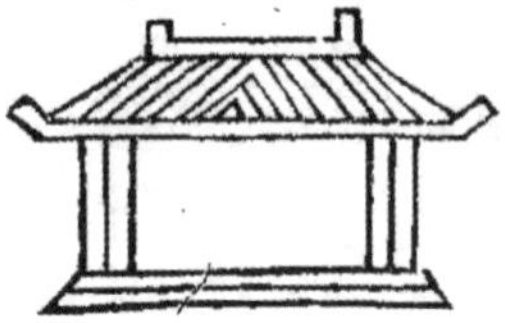

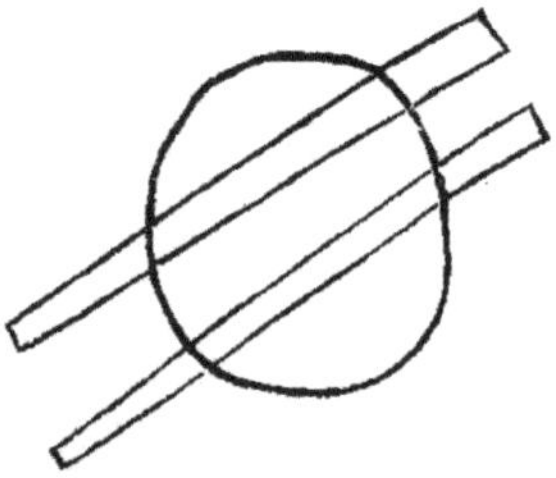

若見此路在門前自縊弔頸事干連欲弔不弔是此路術者只要細推玩

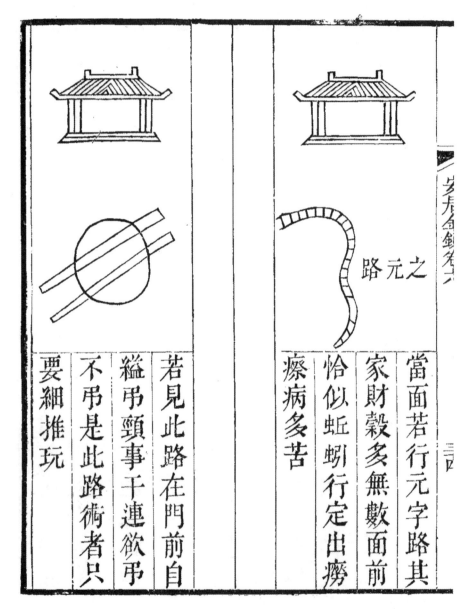

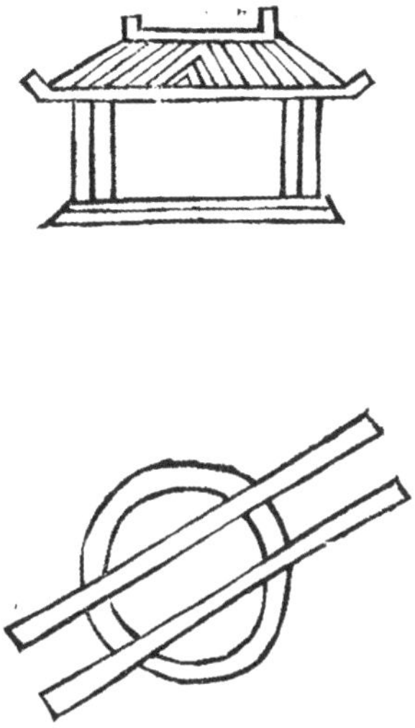

若見田塍如此樣斷
定自縊弔高梁必然
外死損屍轉孰知因
此死他鄉

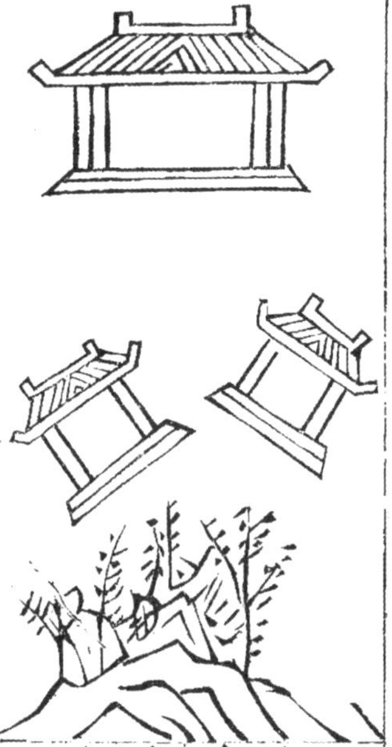

門前若有此寒林年
年瘟疾事相臨又主
怪物入門戶斷他年
年細推論

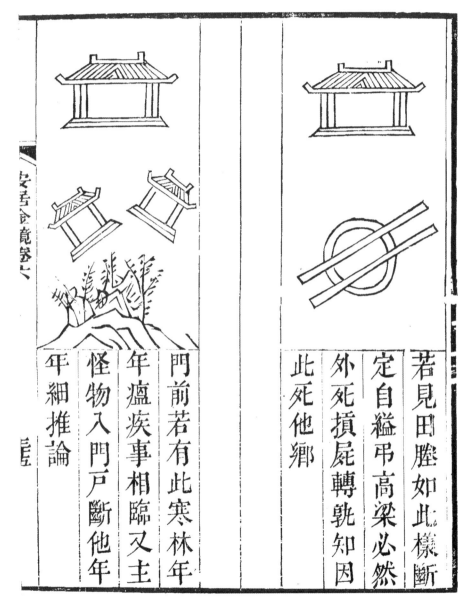

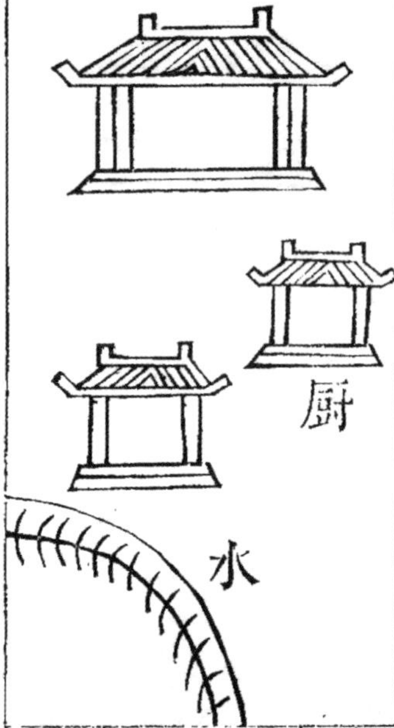

前面水路及返飛定
主退妻又離妻瘸跛
孤兒隨母嫁順水淫
亂主生離

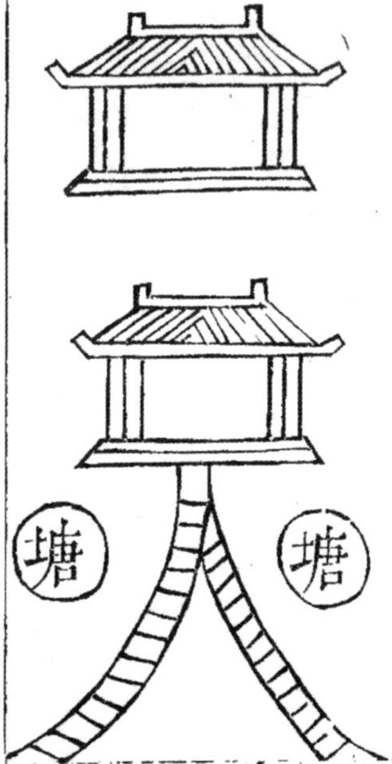

門前有路是火字兩
邊有塘年少死斷就
其家連淚哭歲煞加
臨災禍至

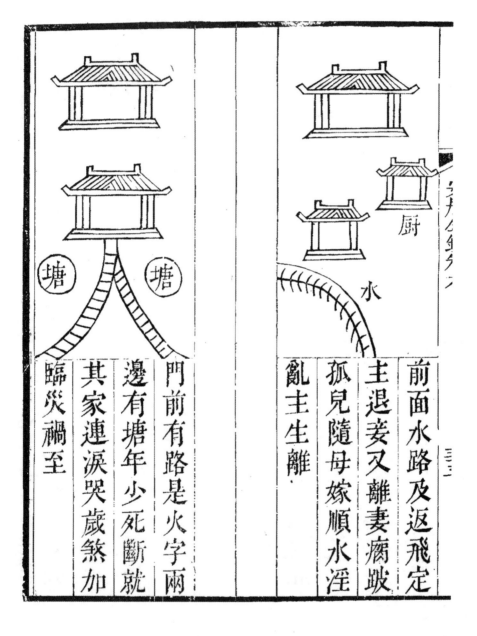

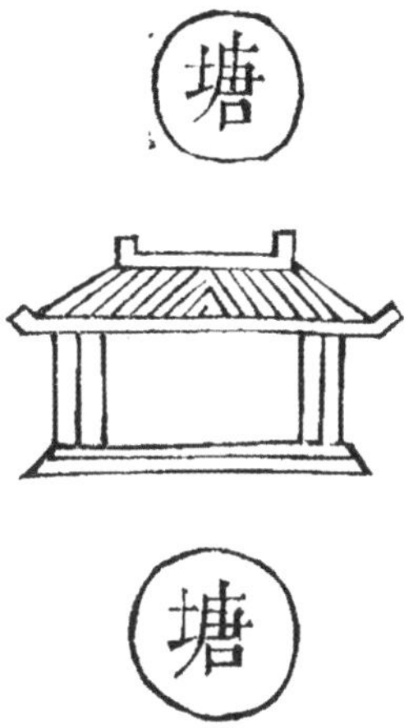

前有塘兮後有塘兒
孫代代少年亡後塘
急用泥填地免得其
後受禍殃

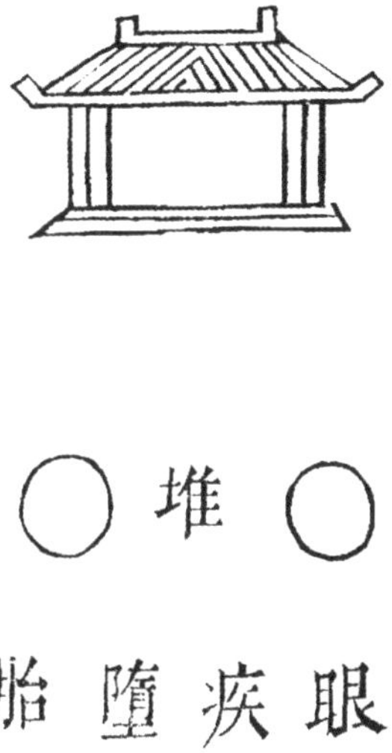

此屋門前有大堆住
此房內主墮胎更兼
眼疾年年有火殺加
臨更惹災

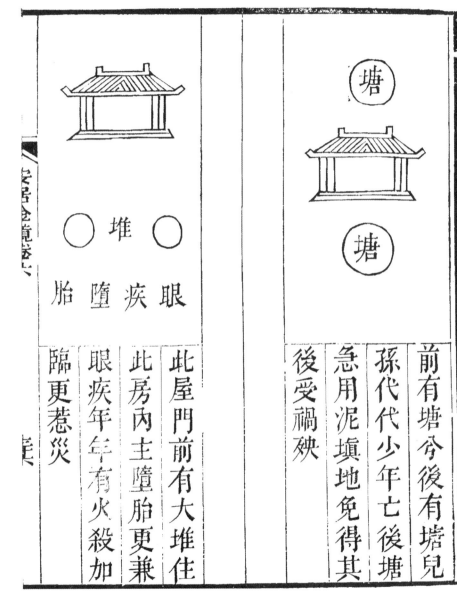

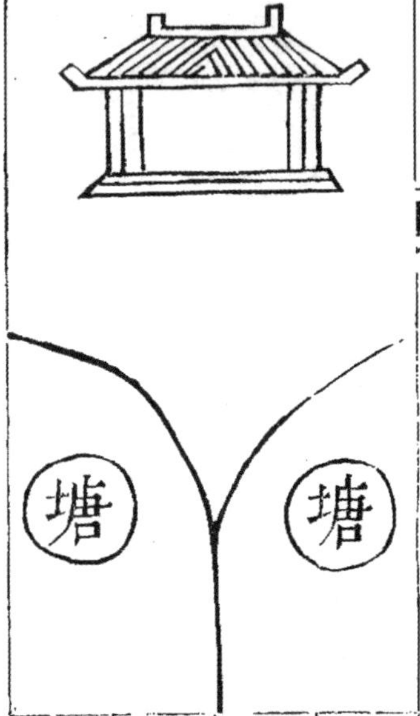

此屋門前兩口塘爲人哭泣此明堂更主人家常疾病災瘟動火事干連

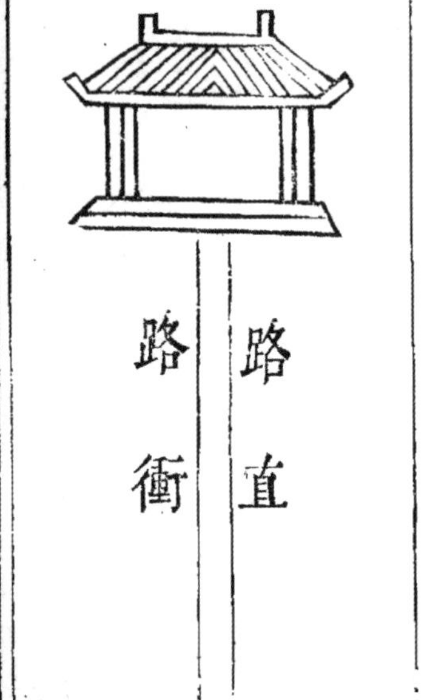

此屋若有大路冲定主家中無老公殘疾之人眞是有名爲暗箭射人凶

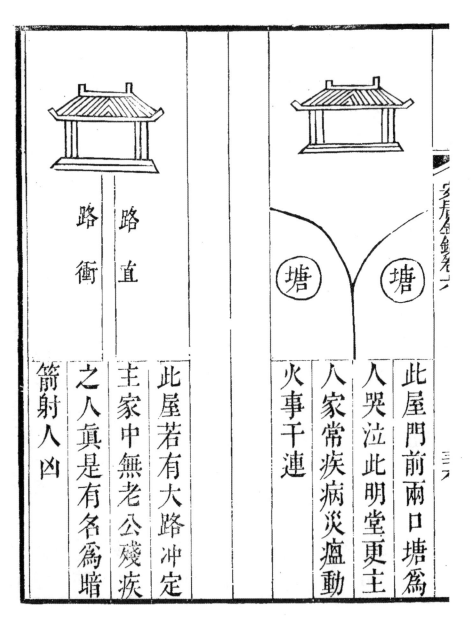

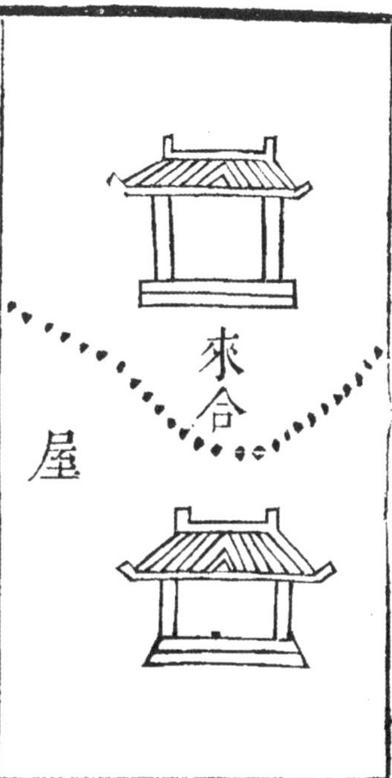

門前若見有小屋官事臨門來得速便見何年凶禍生歲煞加臨災更毒

此屋若在大樹下孤寡人丁斷不差招郎乞子家中有瘟瘴怔物定交加

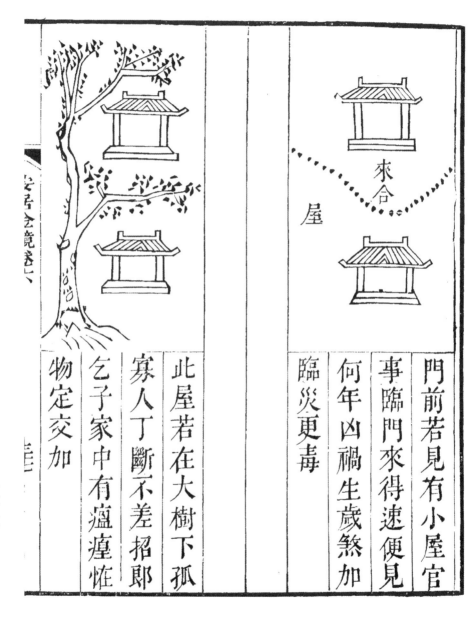

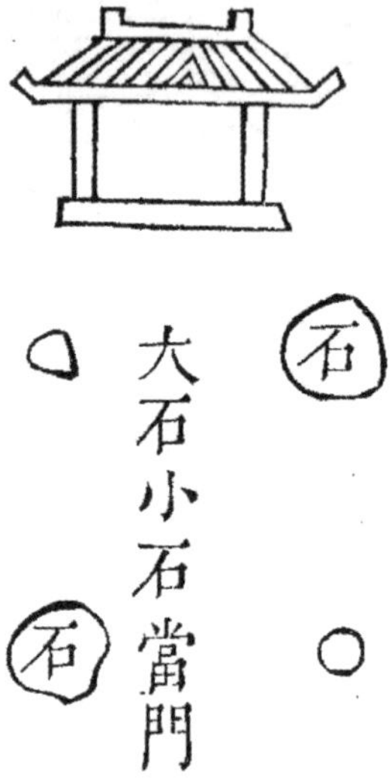

此石當門多磊落其
家說鬼時時着小口
驚嚇不須言氣絕聾
啞人難覺

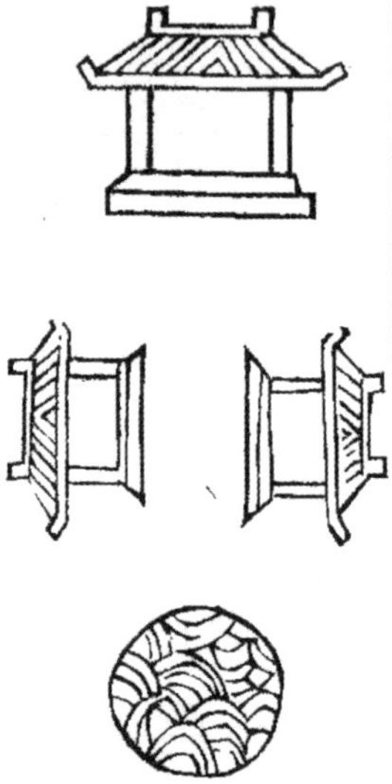

此個人家品字樣讀
書作館起家莊人財
大旺添田地貴子聲
名達帝鄉

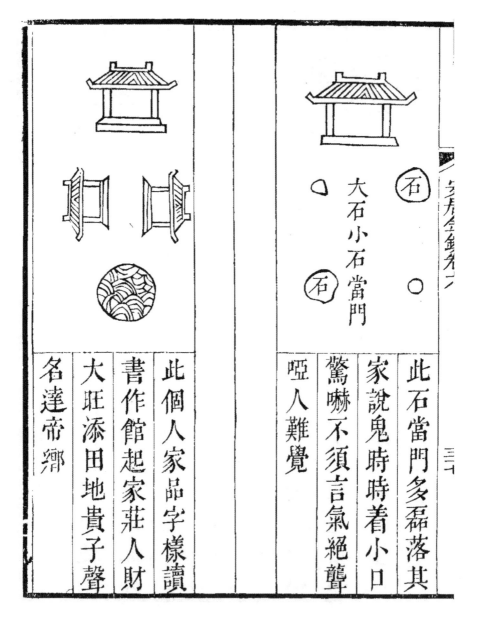

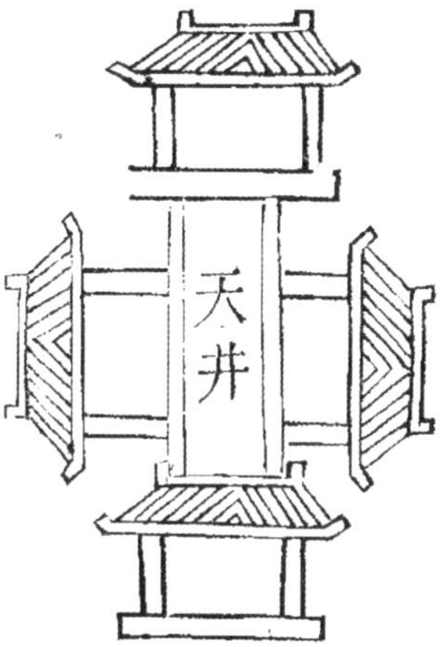

論四合頭房

四合天井嫌宜長喚作埋兒煞可妨更出氣躹并眼疾又兼難產及瘟癀凡四合屋屬金如天井長屬水矣木尅土金尅木故有此厄方正者佳

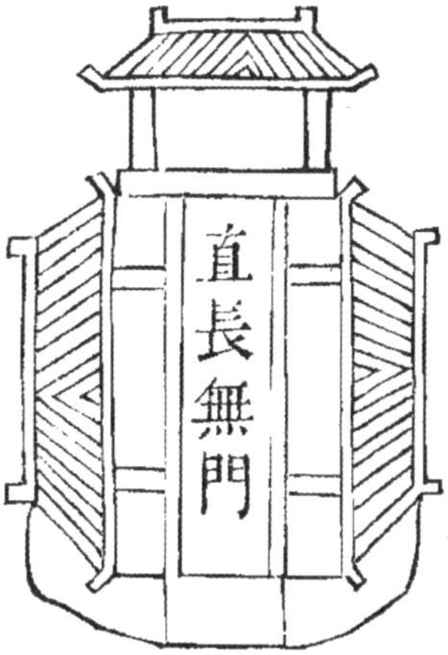

横廳宜出無墻屋號作推車退財煞又如龍虎筆直齊更兼少亡并悲哭宜折去一間前作掩心或墻亦吉

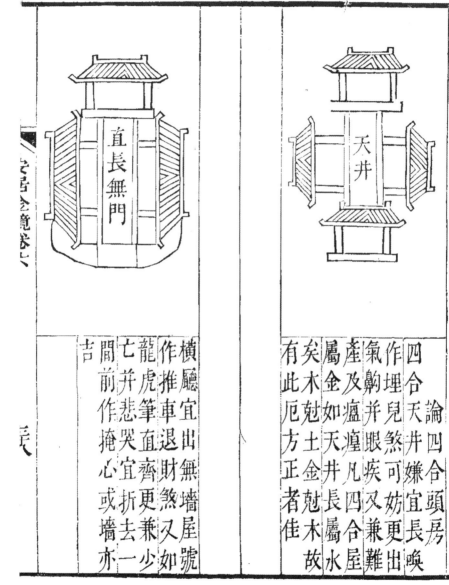

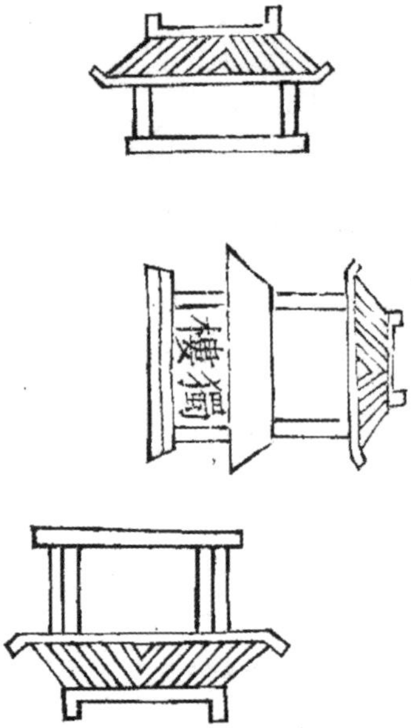

此屋名爲孤寡星定出寡母二三八犯之二八年中見火光瘟疫敗伶仃

凡脩房要四方均平左有右空不宜況右空而左邊之樓迥高正堂者不吉可各宜也

此宅名爲過頭屋前高後低二姓族主出孤寡損少年并招瘟火年年哭

屋宜前低後要高前太低後重者凶西廂高壓正堂者亦不宜

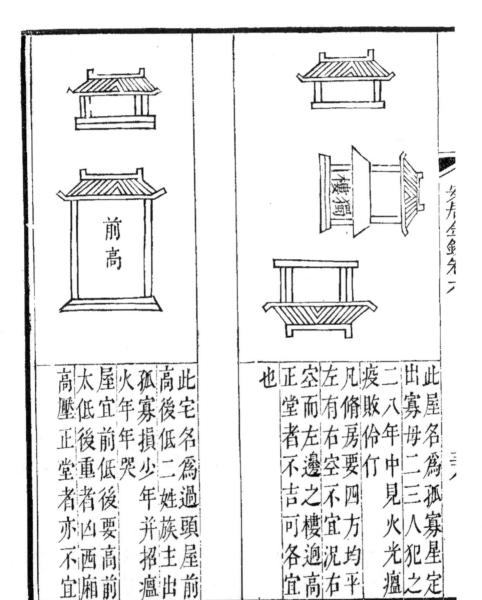

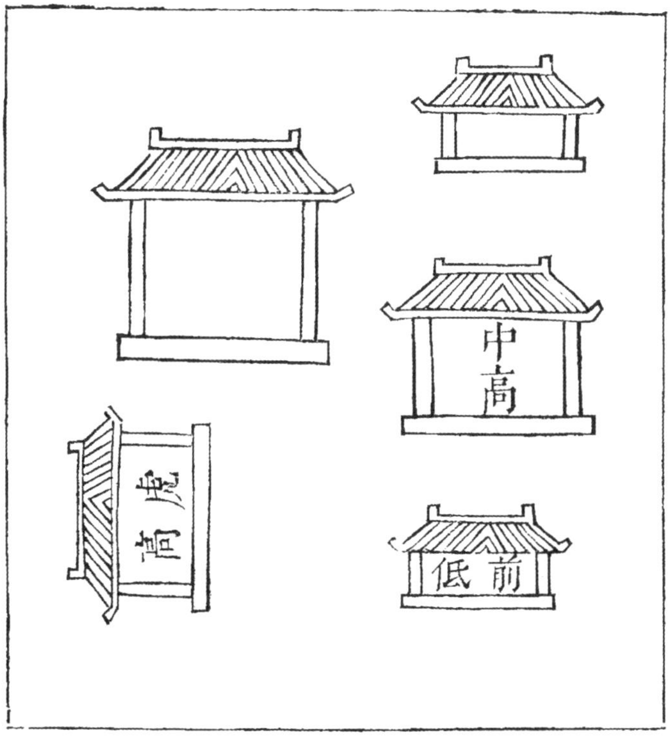
中高
後高
前低

此房中高前後低主有孤寡內中居亦主錢財多耗散名曰四水不回歸　似橫火字山字屋大凶若中間高是樓出二姓同居技藝工巧之人也屋作昂頭白虎砂官災口舌事如麻必主小房衣食缺非災橫禍敗人家

左長右主幼災迍厄皆然龍虎高者長幼房如此之患也

安居金鏡卷七

周　南梅堂甫
呂　臨蘭田甫　仝輯

吳永年巽嶼甫鑒定　王惟諫司直甫參閲

薛　儁理齋甫
陸　煌檀甫　仝較

陽宅本旨

坐宫分房配門訣

一宅分爲數房各房立有門戶大門來往悉同途
吉凶如何分處雙間坐居界縫單間中是坐主但

將房坐起星排推倒大門且住游年飛轉各房宮

禍福掌中輪佈

乾宅雙間分房配門圖解

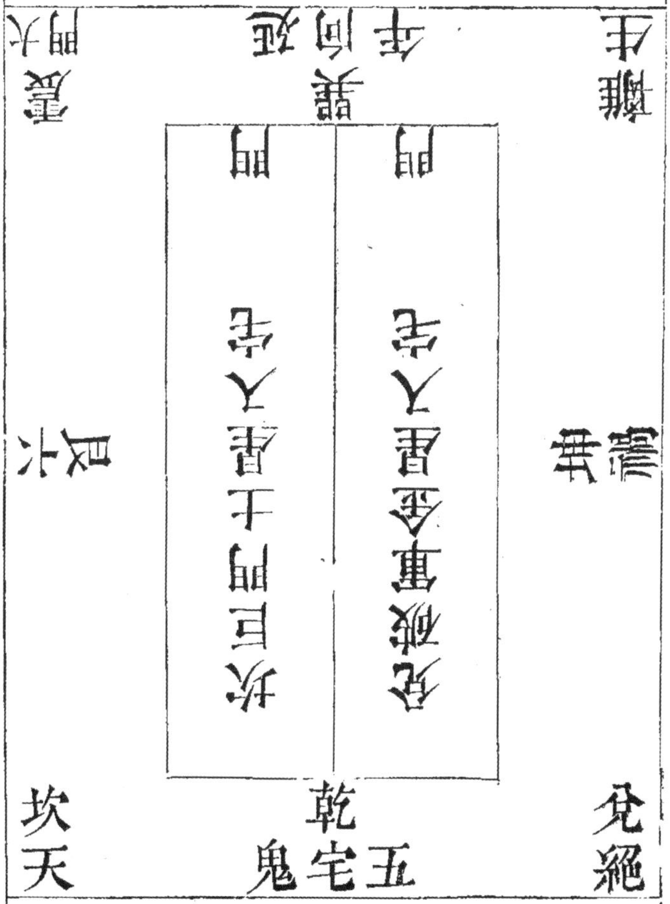

戌乾亥宅中分爲二各有門戶共一大門在震當以總
大門配坐方論吉凶凡雙間房坐向在界縫之中則左
一間屬坎得天乙到震便是巨門穿宅雖發財帛而星
宮俱受尅伐大不利于中子右一間屬兌得絕命金星
則震爲木入金鄉不利于長子主人丁稀少然破軍金
穿宅與兌相比亦主財富但不免寡母持家多生疾病
人口不寧此以各房分得宮分作坐宮以配大門而分
吉凶非以共坐之中宮論也設若一宅分爲三間即以
中間爲乾宅而用乾之游年是五鬼列震便是五鬼穿
宅乃爲火見天門損老翁必矣其左右二間一如上論

坎宅三間分房配門圖解

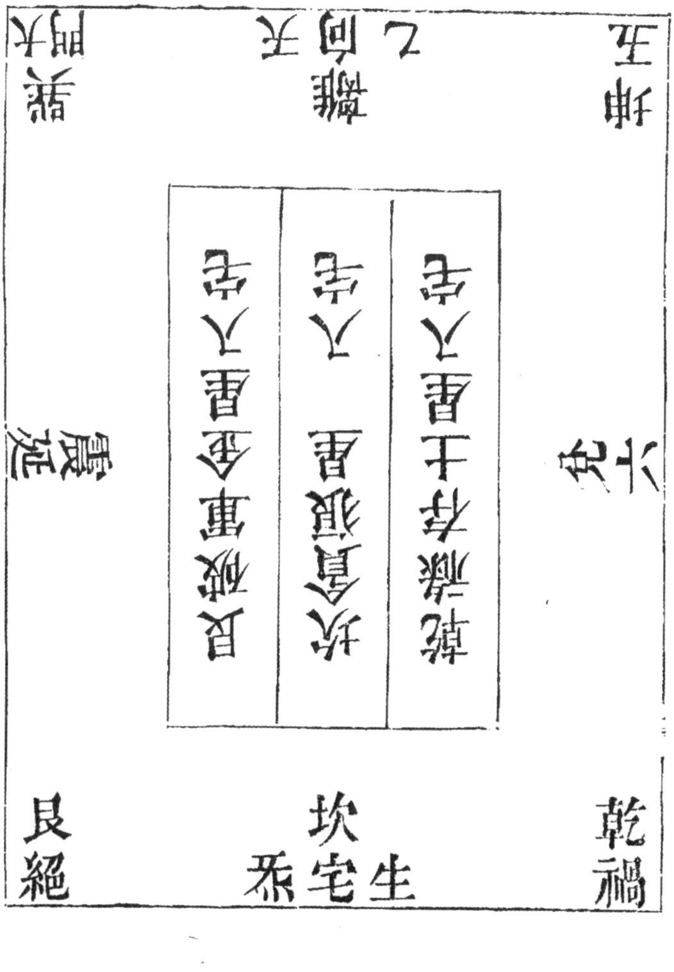

壬子癸宅分爲三間各立門戶共一大門在巽中一間是貪狼木星貫宅爲木入坎宮鳳池身貴主先發長子人財兩盛左一間是艮破軍穿宅主小子長婦多災人財離散右一間是乾祿存穿宅主陰小損傷然土生乾金亦能發財旺畜

巽宅雙間分房配門圖解

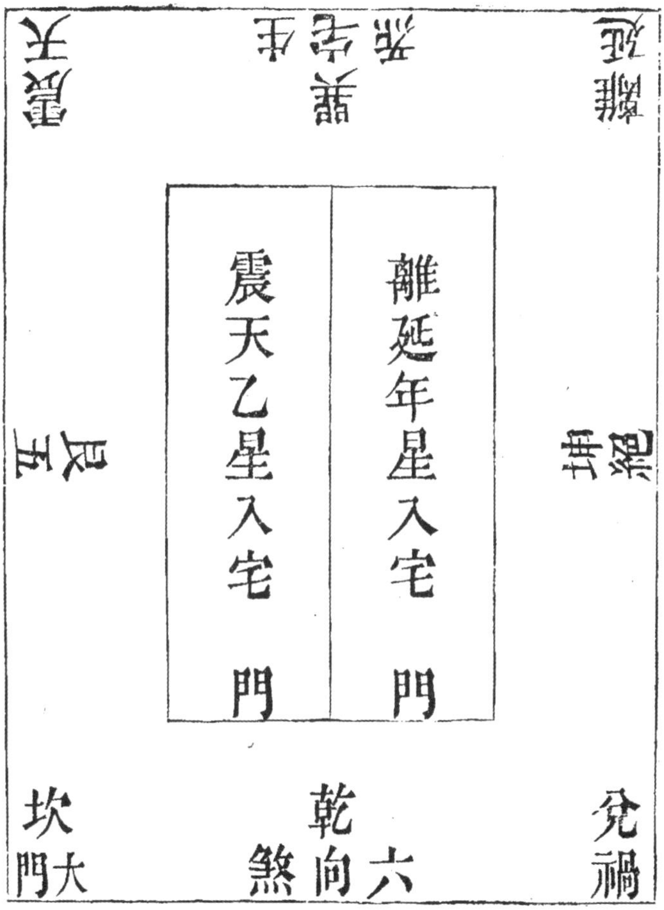

辰巽巳宅中分爲二各有門戶共一大門在坎當以總大門配坐方論吉凶凡雙間房坐向在界縫之中左一間屬離飛得延年到坎爲金水相生主外獲財寶然武曲穿宮爲宮尅星向又尅坐主不利陰人而多產厄且主奴婢竊財家多破耗右一間屬震爲門外生內坐主人財兩旺然巨門土穿宮受宮尅又向尅宮坐主長子財帛耗散陰人多災少利如分爲三間則中一間爲巽宅即以巽宅游年飛得生炁到坎爲貪狼穿宅水木相生比旺主人丁大旺財帛豐盈長房先貴而仲叔均昌爲全吉之宅也

震宅四間分房配門圖解

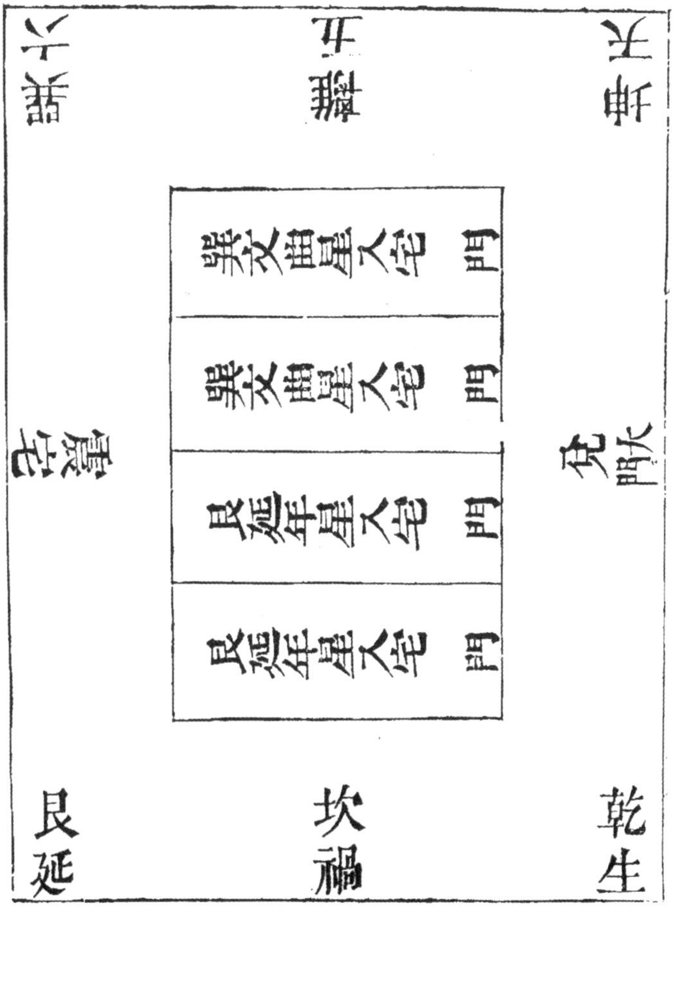

甲卯乙宅一並四間共一大門在兌當以總大門配坐方論吉凶此亦爲雙間坐向在界縫之中左二間屬巽飛得文曲水穿宅爲金水水木相生極發財谷但不免淫亂耳且巽兌不比又外尅內爻陰盛陽衰人丁稀少不利老毋陰人兼主火盜顛狂之災右二間屬艮爲武曲金星穿宮金土相生而艮兌又比主富貴榮壽人財兩旺先發小男次及各子也

如一宅分作五間則以正中一間爲震分作七間以正中三間爲震飛得絕命金到兌爲破軍星貫宅爲向尅坐星尅宮主先傷長子而後破家敗絕也

艮宅五間分房配門圖解

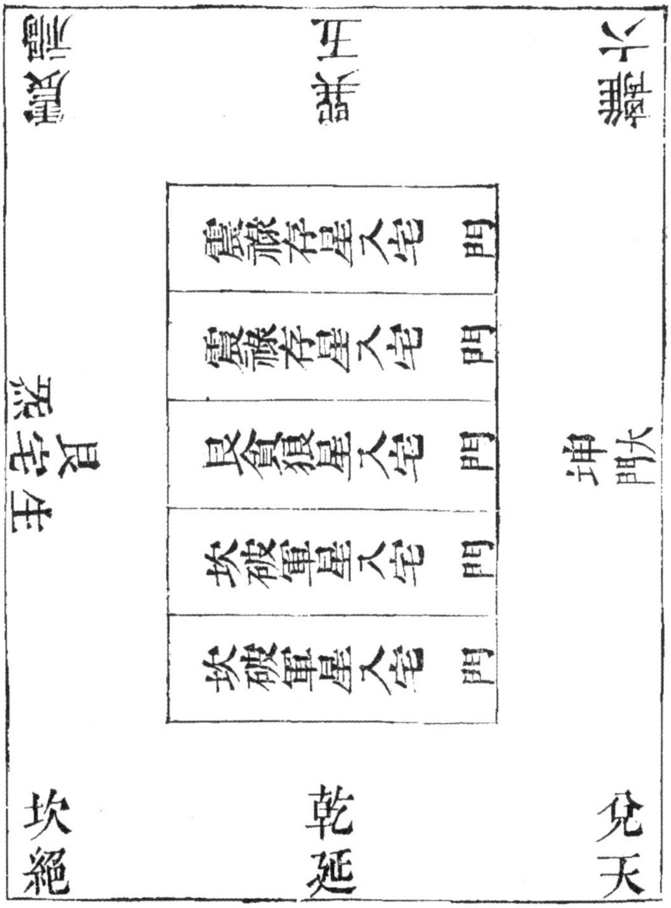

離六
巽五
震禍
坤門外
震祿存星入宅門
震祿存星入宅門
艮貪狼星入宅門
坎破軍星入宅門
坎破軍星入宅門
艮宅生炁
兌天
乾延
坎絕

艮宅一並五間共一大門在坤中一間屬艮卽以本宅游年飛得貪狼本星穿宅坤艮比和本主富貴但星來尅宮尅向又主不利小子老母人丁稀少左二間屬震是祿存土星貫宅宮尅門宮尅星主不利老母小子資財耗散右二間屬坎飛得絕命金星到坤爲破軍穿宅向尅宮主不利中子小口多災然門生星星生宮財帛六畜頗豐盈也

離宅六間分房配門圖解

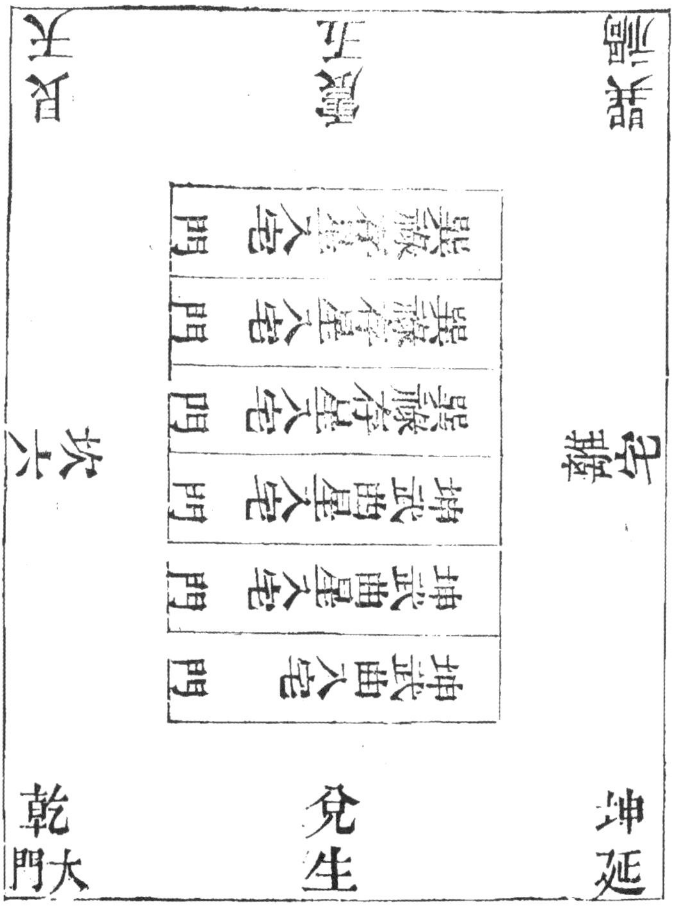
巽禍
震六
艮天
離
坎六
坤延
兌生
乾大門
巽祿存星入宅門
巽祿存星入宅門
巽祿存星入宅門
坤武曲星入宅門
坤武曲星入宅門
坤武曲入宅門

丙午丁宅一並六間各立門戶前有巷道共一大門在乾凡雙間房坐向在界縫之中則左三間屬坤卽用坤宅游年飛得延年到乾是武曲金穿宅爲宮生星宮生門又乾坤相比夫婦配合主家門孝義人財昌熾富貴康寧眞吉宅也右三間屬巽飛得禍害到乾爲祿存土穿宅乃門尅宮宮尅星主陰人損傷資財耗散人口多災不吉之宅如分得七間則以中三間爲離宅而以本宅游年飛得絕命到乾爲破軍金穿宅乃向尅坐坐尅門星主老翁損傷陰人不旺寡漢撑家癆嗽相連纏繞家資破敗不吉之宅也眞左二四仍屬坤論右三四仍屬巽論也

坤宅七間分房配門圖解

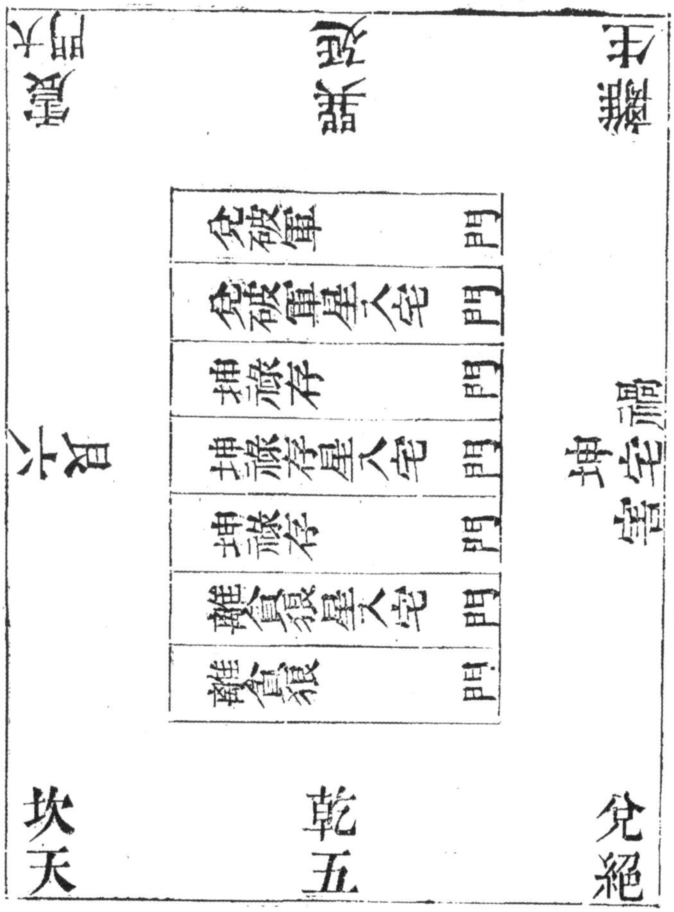
離生
巽延
震大門
坤
廳宅向
艮六
門 兌破軍
門 兌破軍星入宅
門 坤祿存
門 坤祿存星入宅
門 坤祿存
門 離貪狼星入宅
門 離貪狼
兌絕
乾五
坎天

未坤申宅一並七間前通巷道共一大門在震中三間屬坤卽以本宅游年飛得禍害到震爲祿存星穿宅雖星宮比和然震坤不比外尅內爻不利宅母有墮胎癆瘵之災淫亂破耗之患左二間屬兌係破軍星入宅爲星宮比和亦發財帛然內尅外爻主長子少女多災人口不寧更招官非盜賊不吉右二間屬離係貪狼星入宅爲門星俱生宮又震離相比主人財兩旺富貴雙全但貪震生離洩了陽氣主女多男少長房出女貴招女壻外甥榮顯之應如兌見坤巽見坎亦同此應

兌宅一宅分爲二院配門圖解

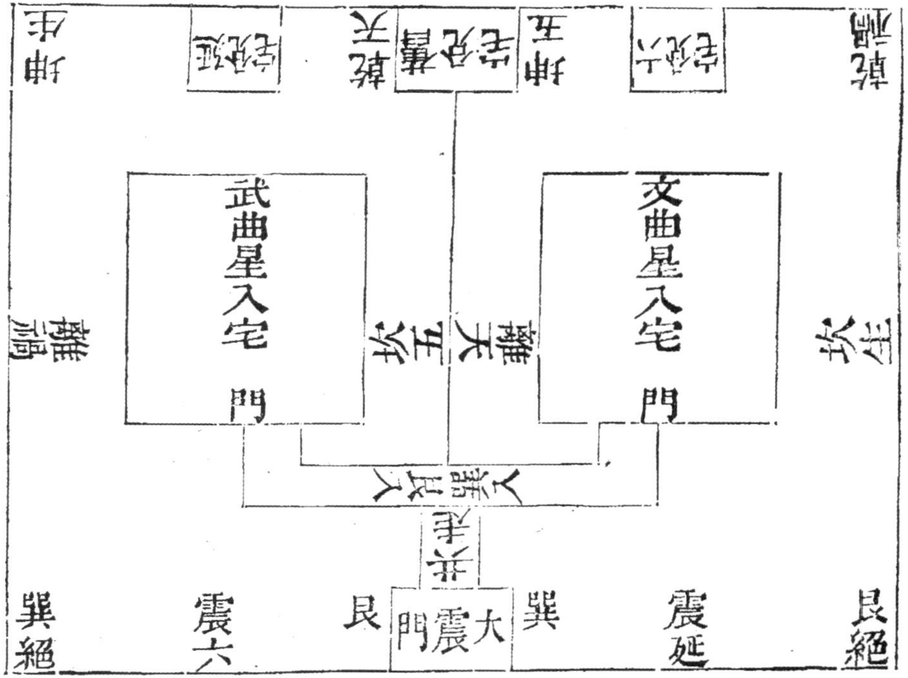

舊是兌宅震向兌震不比絕金主事星宮比和亦發財帛但內尅外爻不利長子主寡毋持家人口多疾後改分爲二宅共走原日大門左一宅坐兌向震則大門在巽是文曲穿宅爲金水相生亦發財帛然陰盛陽衰人丁不振內尅外爻陰人不利主寡毋持家風聲醜惡右一宅亦坐兌向震則大門在艮飛得延年到艮是武曲金貫宅主事爲艮兌相比金土相生主家門和睦人丁繁盛富貴昌吉之宅也此以本宅主宮配大門論吉凶非一宅分房各所坐之宮論也已上坐宮配門不能無吉

凶之異但明轉移之法則化凶爲吉展禍爲福惟在智士心目巧机耳然變轉之法多端而大要有三改內門以配外卦一也界本房以截凶取吉二也移床帳以趨吉避凶三也三法精備宅斯化矣

坐宮分房訣

房分八卦皆由本坐推排宮列五星當看游年佈
置故氣口爲禍福之元關主星乃諸宮之司宰七
煞穿宮尅生宜審五行運化補洩須知吉曜有凶
定是臨宮相尅凶星帶吉多緣到位生比惡煞侵
宮莫言有咎主星照位反禍成祥吉曜加臨未可
據爲喜慶尊凶壓我必然變作憂危最喜恩星助
吉加比補發福無量若値惡曜塡凶遇生扶招災
莫測凶生吉泄煞無刑吉照凶彌災勿咎後吉前
凶移界截則吉多凶少宮凶星惡更門戶則禍去

福來八卦縱橫元通造化五行變化巧奪神工故宅主六分七分則乾艮移於正南而巽坤遷北截分十二十四斯震兌居於界縫而四維環宮方位變於界分吉凶易於反掌經曰動則變變則化其元矣哉

乾宅二分

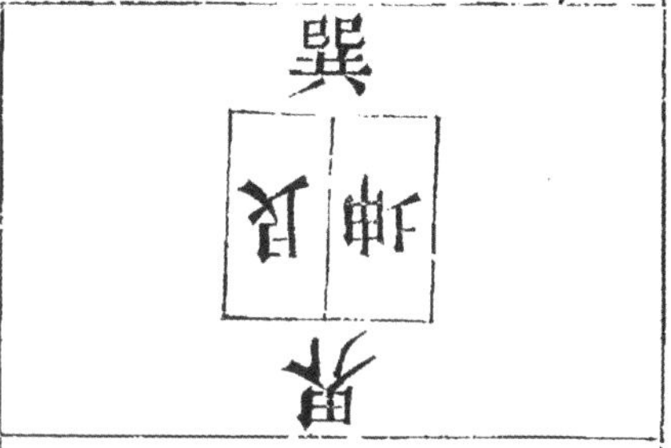

乾宅四分

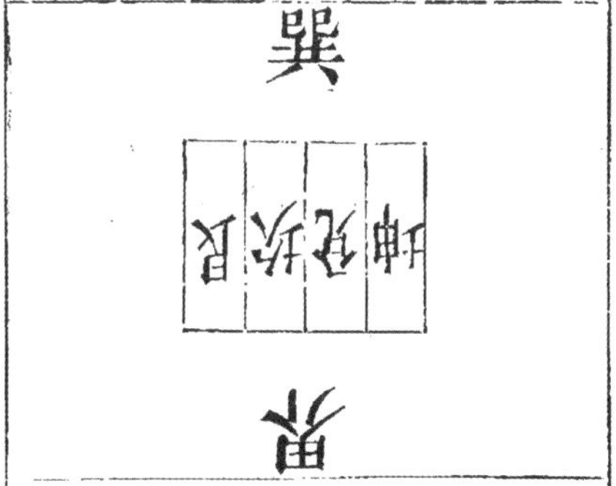

乾宅六分

乾宅六截分

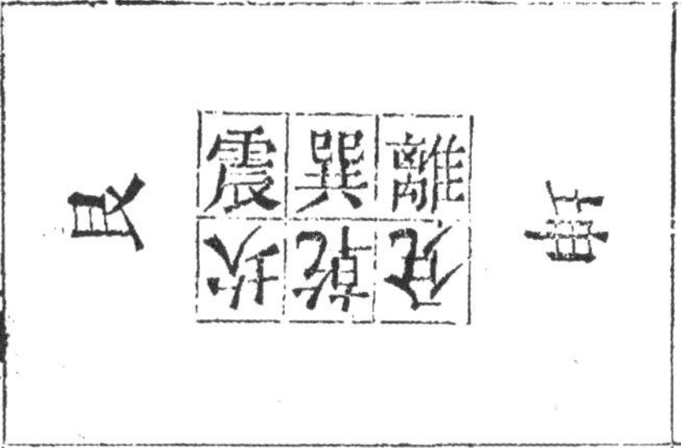

乾宅十截分

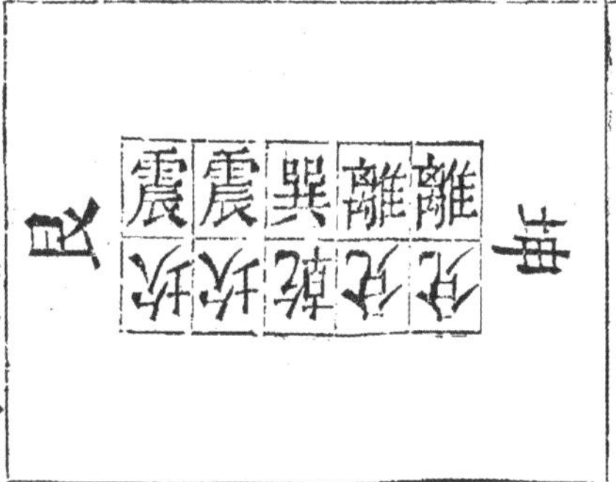

乾宅十四截分

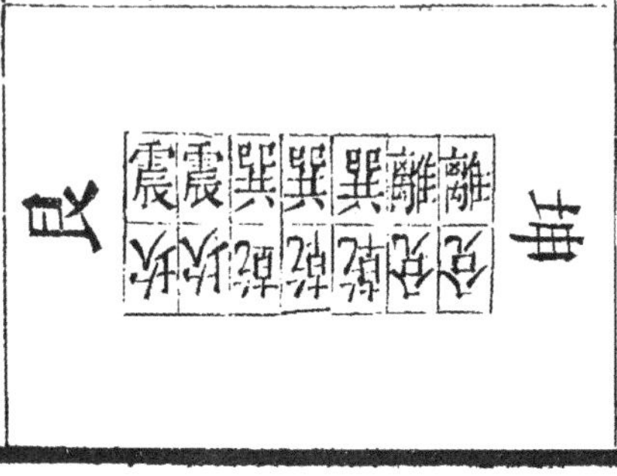

巽宅三分

艮	巽	坤

巽宅四截分

界

坤

震	離
坎	兌

艮

乾

巽宅五分

艮	震	巽	離	坤

巽宅八截分

界

坤

震	震	離	離
坎	坎	兌	兌

艮

乾

巽宅七分

艮	震	坎	巽	兌	離	坤

巽宅十二截分

坤

震	震	巽	巽	離	離
坎	坎	乾	乾	兌	兌

艮

震宅二分

坎	離

震宅五分

艮	艮	震	巽	巽

震宅六分

坎	艮	乾	坤	巽	離

震宅六截分

坎

乾	兌	坤
艮	震	巽

離

震宅八截分

坎

乾	乾	坤	坤
艮	艮	巽	巽

離

震宅十四截分

坎

乾	乾	兌	兌	兌	坤	坤
艮	艮	震	震	震	巽	巽

離

兌宅三分

兌宅四分

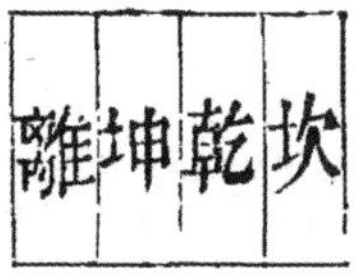

兌宅七分

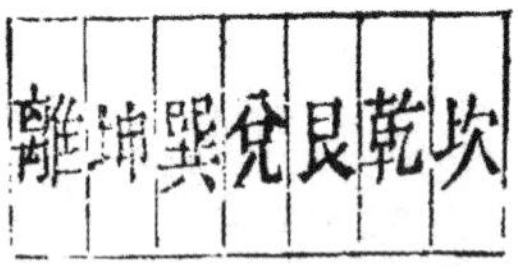

兌宅四截分

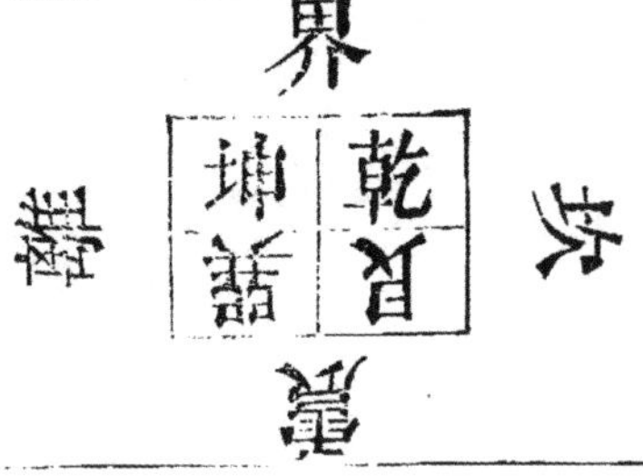

兌宅十截分

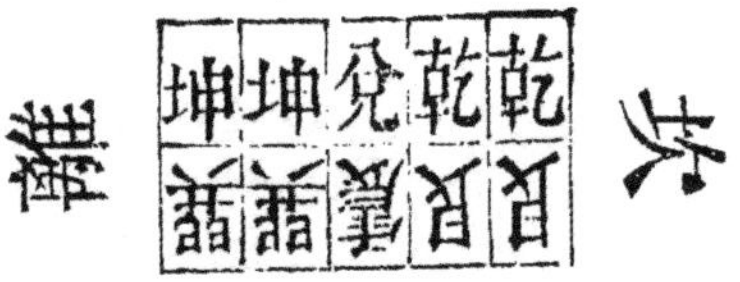

兌宅二十截分

艮宅二分

艮宅六截分

艮宅四分

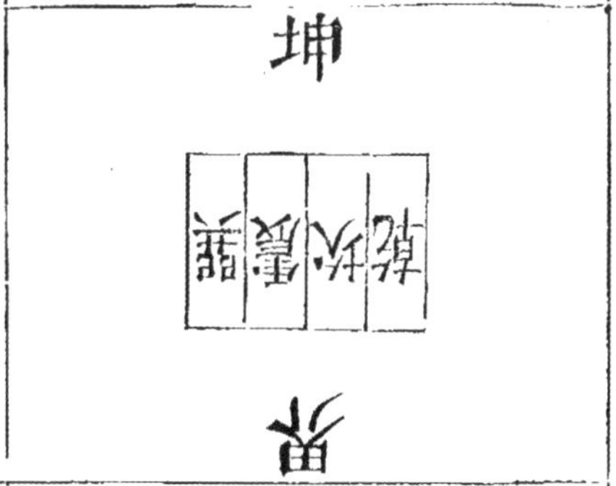

艮宅十截分

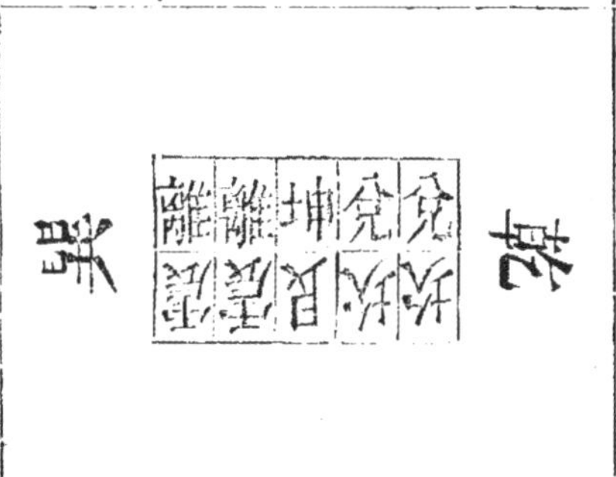

艮宅六分

艮宅十四截分

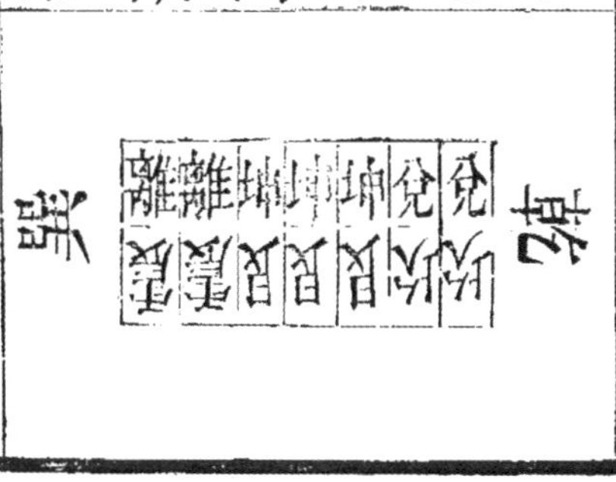

坤宅三分

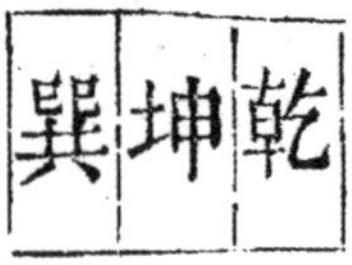

坤宅四截分

坤宅五分

坤宅八截分

坤宅七分

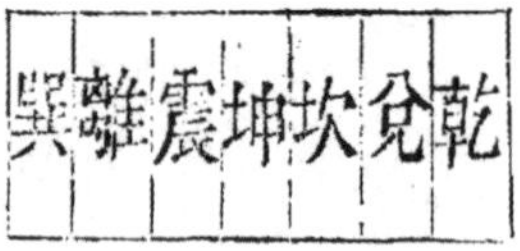

坤宅十二截分

坎宅二分

坎宅四分

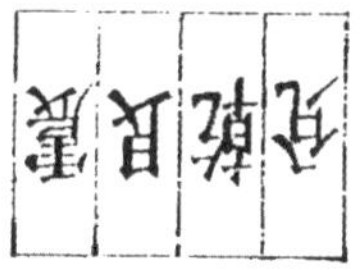

坎宅六分

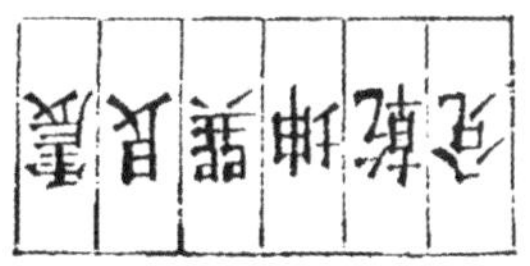

坎宅六截分

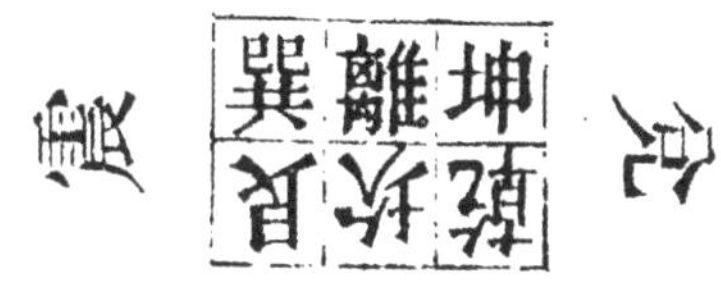

坎宅十截分

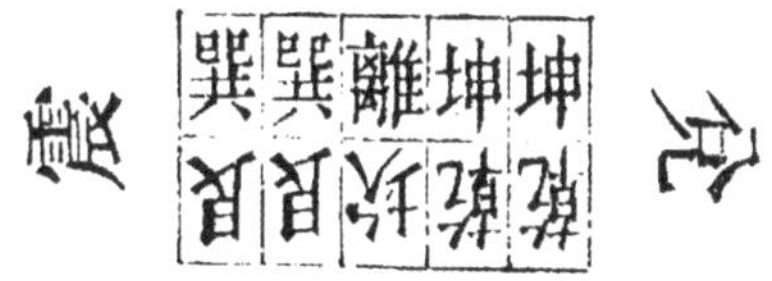

坎宅十四截宅

離宅三分

兌	離	震

離宅四截分

界

兌　震

坤	巽
乾	艮

坎

離宅五分

兌	坤	離	巽	震

離宅八截分

界

兌　震

坤	坤	巽	巽

坎

離宅七分

兌	坤	乾	離	艮	巽	震

離宅十二截分

坤	坤	離	離	巽	巽
乾	乾	坎	坎	艮	艮

坐宮分房解

夫坐宮分房者以本宅所坐主宮推各房方位也凡宅是單間卽以中間爲本坐如雙間則坐向在界縫之中矣假令坎宅三間中一間是本位坎坐左一間屬震右一間屬兌如房是五間則東一間屬艮東二間屬震西一間屬乾西二間屬兌而坎坐亦居中矣若是雙間兩分則坎坐在界縫之中左一間屬震右一間屬兌如雙間四分則東一間屬艮東二間屬震西一間屬乾西二間屬兌而坎離亦坐界縫之中矣若將雙分二間截作四房則

左一間前爲巽後爲艮右一間前是坤後是乾如前四間分作八分則後截四間左艮右乾前截四間左巽右坤而坎離震兌俱在界縫之中矣至若三間分爲六截五間分爲十截惟中一間後坎前離東皆艮巽西皆乾坤矣若雙分爲六間東一間飛得巽東二間屬艮東三間屬震西一間飛得坤西二間屬乾西三間屬兌如截分作十二房中二間是坎離東二間分爲艮巽西二間分爲乾坤震兌亦在界縫之中矣如單分爲七間中一間是坎左三間爲巽艮震右三間爲坤乾兌若截分爲十

四房中三間作坎離東二間爲艮巽西二間爲乾
坤而震兊亦在界縫之中矣餘推

南北井字分

巽	離	坤
震	中	兌
艮	坎	乾

南二北一分

巽	坤
坎	

南二北三分

巽		坤
艮	坎	乾

南三北四分

巽	離		坤
艮	艮	乾	乾

南四北三分

巽	巽	坤	坤
艮	坎		乾

西二東一分

震	坤
	乾

西南隅一分

坤

艮

東南隅作二分

離 巽

乾

東南隅作三分

離 離 巽

乾

西北隅作二分

乾 坎

巽

西北隅作三分

乾 坎 坎

西一東三分

兌

巽

震

艮

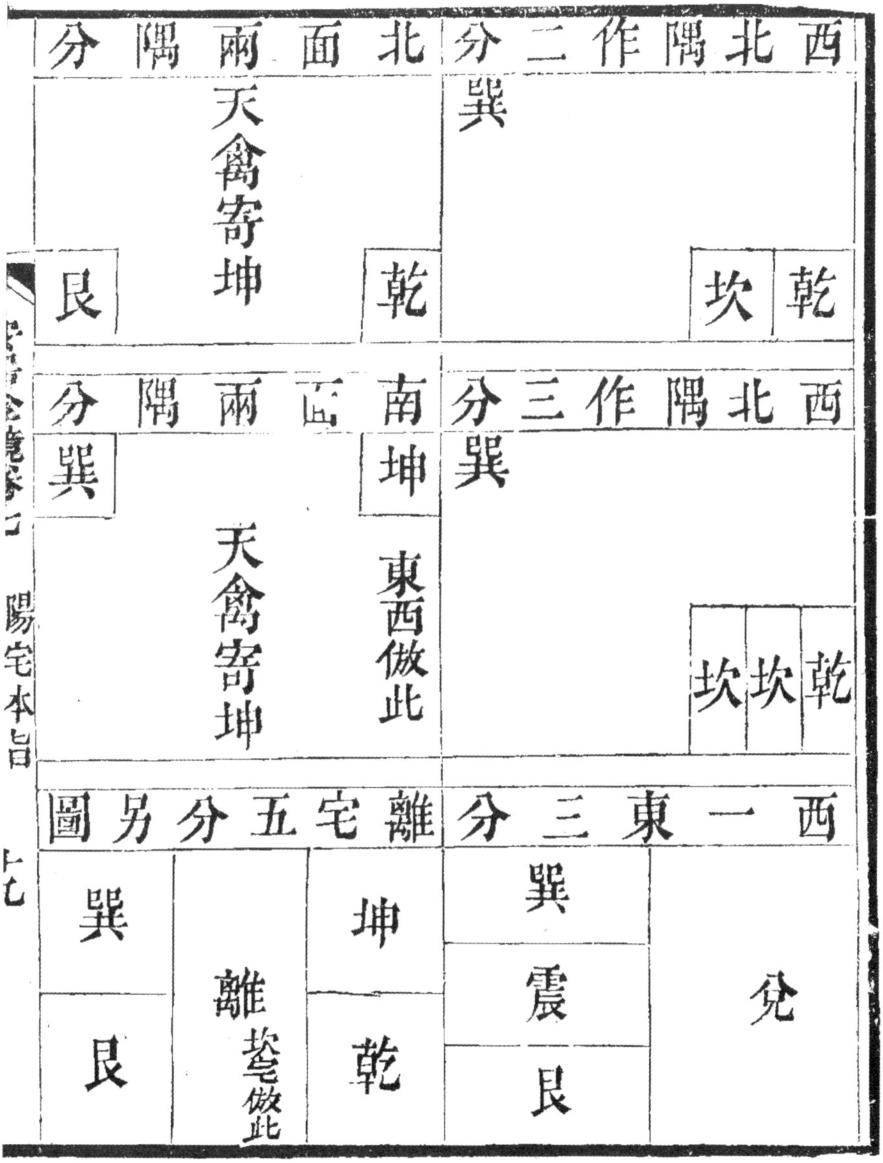
西北隅作二分
巽
乾
坎
北面兩隅分
天禽寄坤
乾
艮
西北隅作三分
巽
乾
坎
坎
南面兩隅分
坤
巽
天禽寄坤
東西倣此
西一東三分
巽
震
艮
兌
離宅五分另圖
坤
乾
離
巽
艮
老宅倣此

震宅五分另圖

巽	坤
震	
艮	乾

離宅四分另圖

震	離	坤
		乾

震宅七分另圖

巽	離	坤
震		
艮	坎	乾

兌宅六分另圖

巽	坤	
兌		
艮	坎	乾

坎宅八分另圖

巽	離	坤
震		兌
艮	坎	乾

離宅七分另圖

巽	離	坤	兌
震			
艮		乾	

坎宅五分另圖

	離	
震	寄坤	兌
	坎	

坎宅四分另圖

離	
震	兌
坎	

房位飛坐九星吉凶總解

夫欲辨房位之吉凶必先審本坐排來之九曜次看游年飛到之七煞如本房原值吉星司宮而游年又飛得吉宿加臨謂之吉星反照最妙若再得宮星相生比和主發達極速而福祉深遠倘宮星相尅斯吉中藏悔而美處萌災若得他宮吉神泄煞生助則災消福長而無咎矣如本宮原值凶星而遇游年吉宿飛臨謂之吉曜壓凶亦吉但發達遲緩淺薄耳又當察吉凶二星相生相尅何如苟凶星受尅而吉曜逢生則凶消吉長若吉星受尅

而凶曜受扶則悔見貞藏及如本房原排值凶星
司宮而游年又飛得凶星加臨謂之凶星塡煞大
忌倘星宮交相尅戰則煞愈緊而禍彌深若星宮
相生比和悔中亦有小亨更得主坐吉曜照宮其
災可息大抵一宅之中不能全然無凶惟智者通
乎變化明于截移使界截一更將凶方變爲吉位
氣口一易斯煞曜化爲福星易曰吉凶悔吝生乎
動者也動則變變則化其元妙莫測者乎

兩宅一門圖

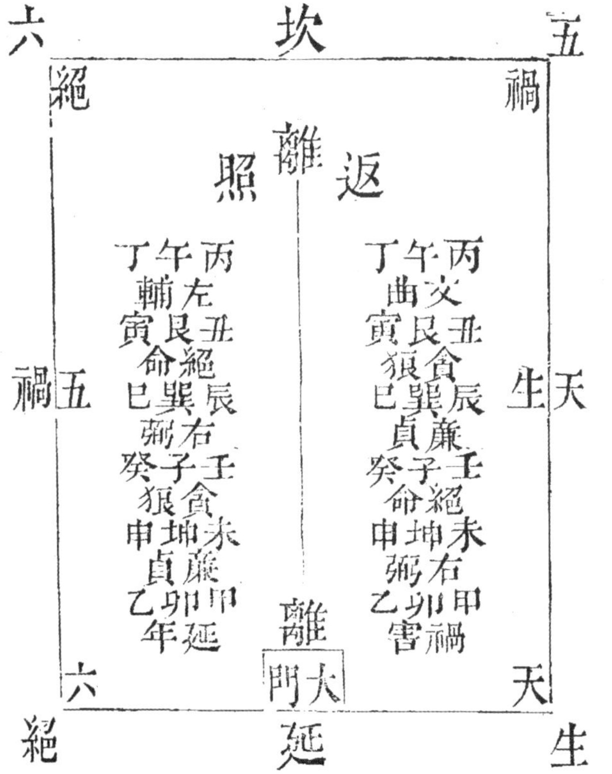
坎
六
五
絕
禍
離
照
返
丙午丁
左輔
丑艮寅
絕命
辰巽巳
右弼
壬子癸
貪狼
未坤申
廉貞
甲卯乙
延年
丙午丁
文曲
丑艮寅
貪狼
辰巽巳
廉貞
壬子癸
絕命
未坤申
右弼
甲卯乙
禍害
五禍
天生
離
大門
六
天
絕
延
生

東西兩宅一門出入以返照則東邊是五鬼絕命
西邊是天依生炁西吉東凶明矣以門上起星
穿東邊是坤門之星西四宅不合東四宅
西邊是巽門星卦相合而吉主財丁並旺居之
發福東邊主入財不旺居之大敗

龍虎擎拳屋形

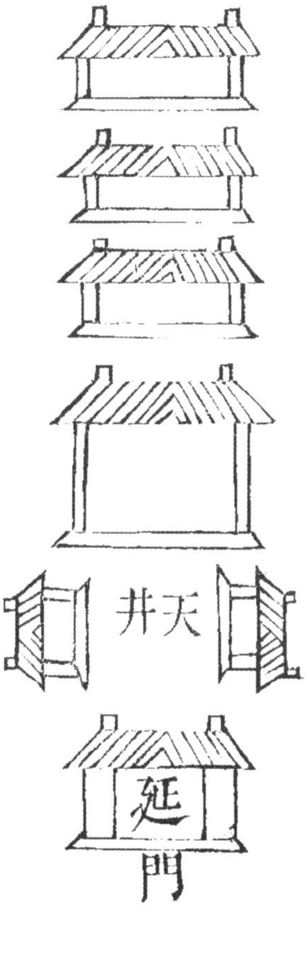

破軍禍害兩孽拳　凶壓吉星勢不良
歲久年深主敗絕　子孫游蕩不還鄉
此宅貫井如法其禍稍遲貫井不如法禍來
甚速宅母長子先不利

埋兒煞形

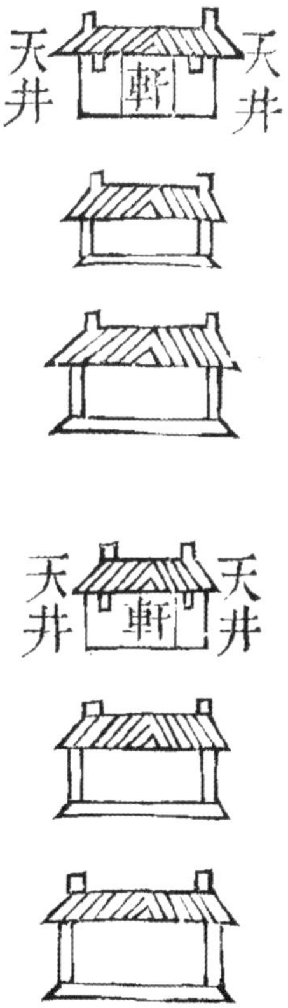

此宅縱然高下合式廳堂之後俱造軒亭謂之理兒煞主單傳三四代而絕小口難養亦多生災禍折去獨軒可以轉凶爲吉倘高下失宜屋不合法則爲敗絕尤速

宅基長短濶狹吉凶之圖

南北長東西狹富貴宜子孫

南北短東西濶居不宜

右長左短居之富貴

左長右短居之少子孫

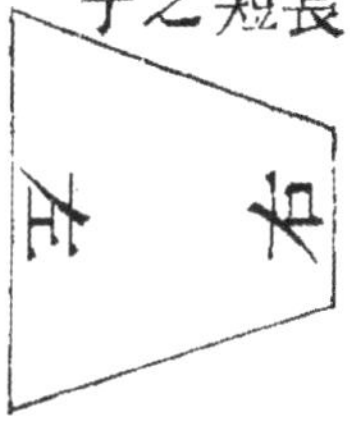

前濶後狹居之貧

前狹後濶居之富貴

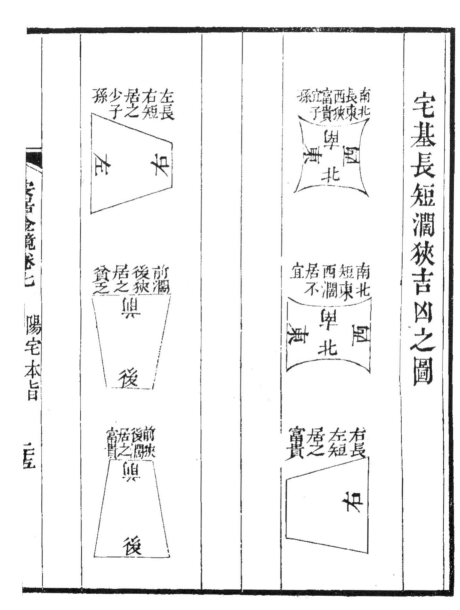

宅缺吉凶之圖

如
之自
皆是
居不
丑寅
卯酉

戌
戌酉
申
未　午　巳　辰
卯

子午
皆不
是居
之大
凶劉
云靈
財多
靈

申酉戌亥
戌　子
丑
巳辰卯寅

陽宅本旨

兵

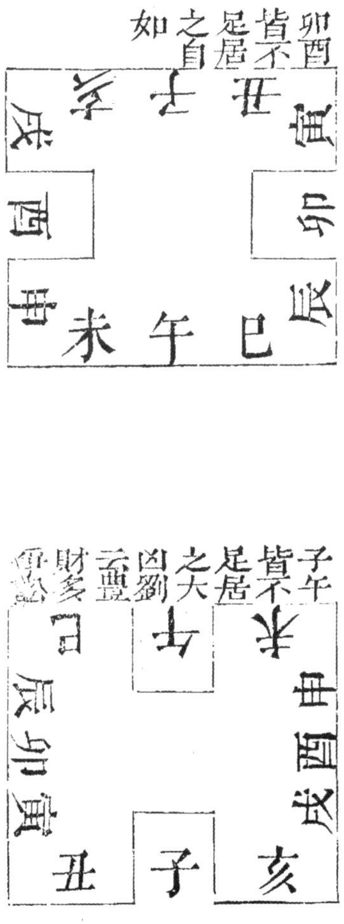

申
酉
戌
亥
子
丑
寅
卯
辰
巳
午
未
子午卯酉皆墓不足居之辰吉

申
酉
戌
亥
子
丑
寅
卯
辰
巳
午
未
四維不足居之大凶

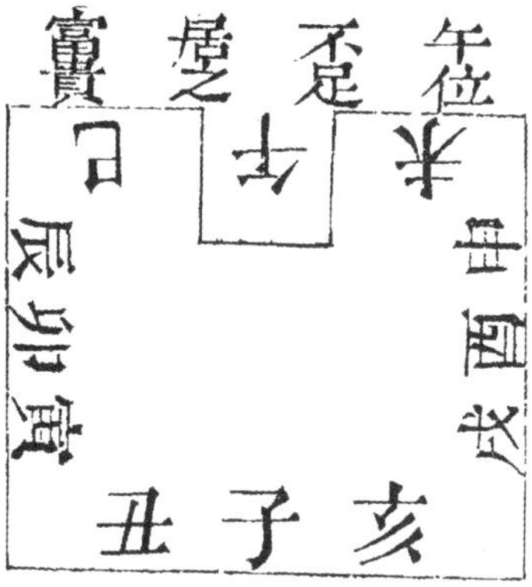
申
酉
戌
亥
子
丑
寅
卯
辰
巳
午
未

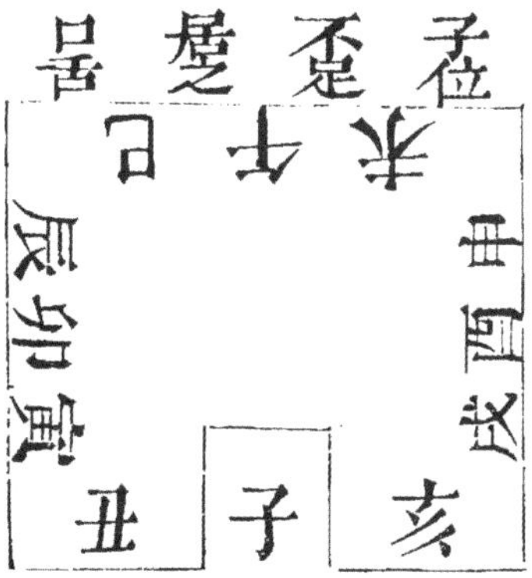
申
酉
戌
亥
子
丑
寅
卯
辰
巳
午
未

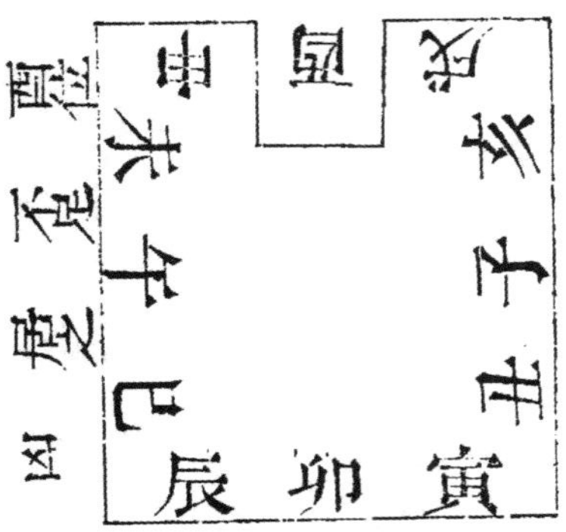
亥
子
丑
寅
卯
辰
巳
午
未
申
酉
戌
凶

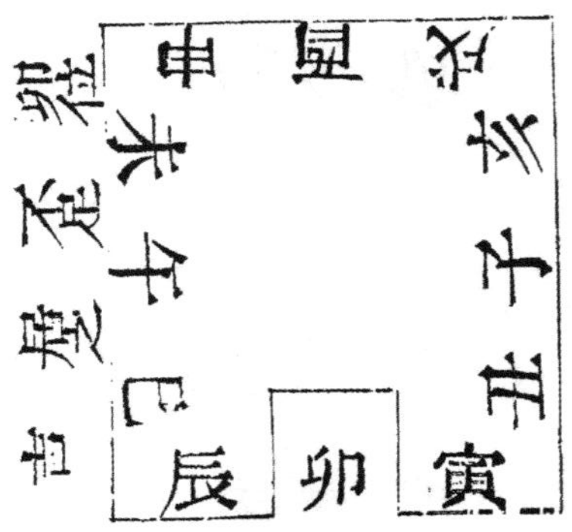
亥
子
丑
寅
卯
辰
巳
午
未
申
酉
戌
吉

未申不足居之宜官祿

辰巳不足富貴宜子孫

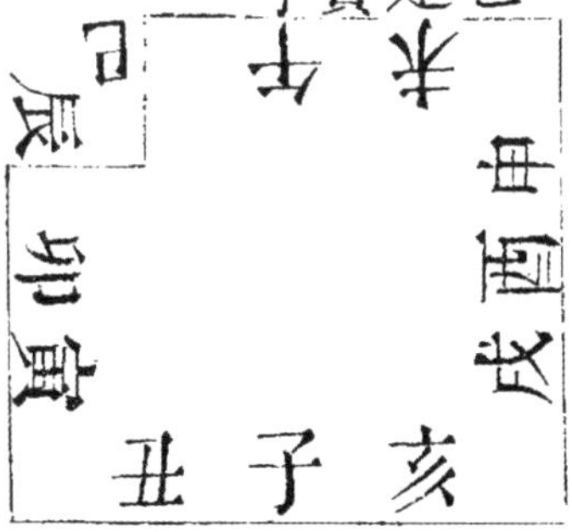

戌亥不足
不宜仕宦
劉云吉有兄弟無子
申
酉
戌
亥
子
丑
寅
卯
辰
巳
午
未

貴
不足
屋之
富貴
申
酉
戌
亥
子
丑
寅
卯
辰
巳
午
未

飲乳屋形

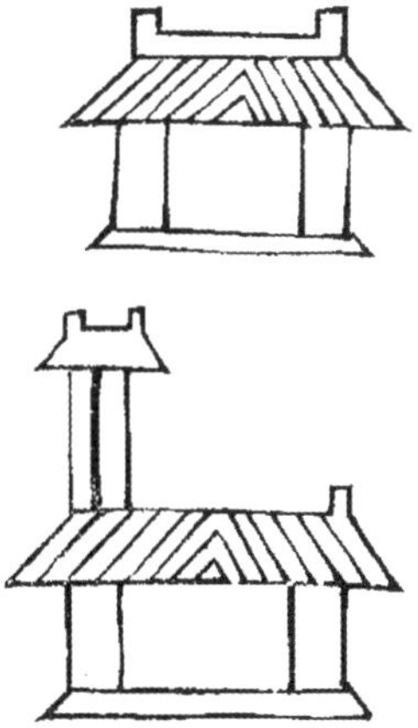

勸君莫造飲乳屋　財散人離來得速
生下娃娃命不長　墮胎產死聞啼哭

無賴屋形

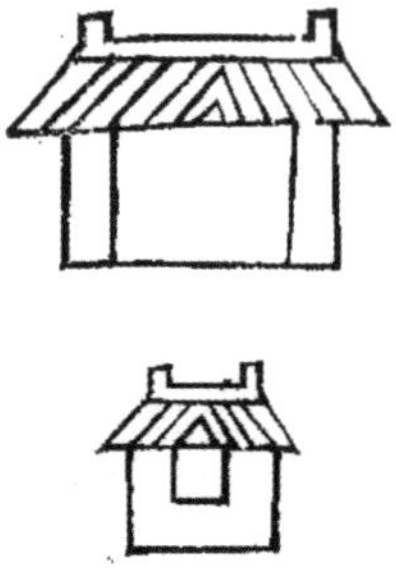

門前横造一小屋　無賴官司來得速

又主墮胎女不良　錢財耗散無餘粟

正曲尺屋形

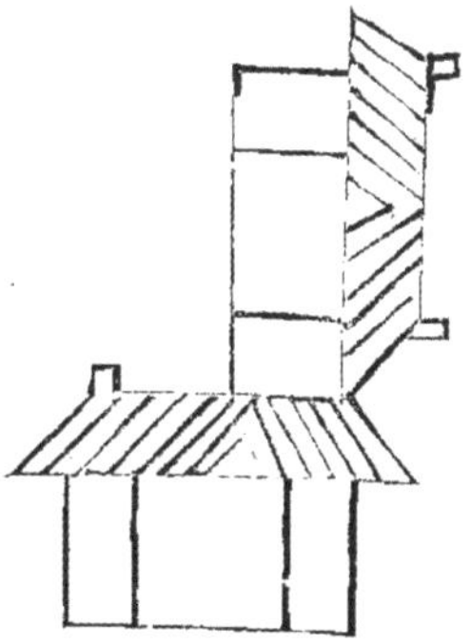

曲尺之稍指右邊　稍頭南指却無愆
隨時溫飽平安過　水若右來寡婦煎

反曲尺屋形

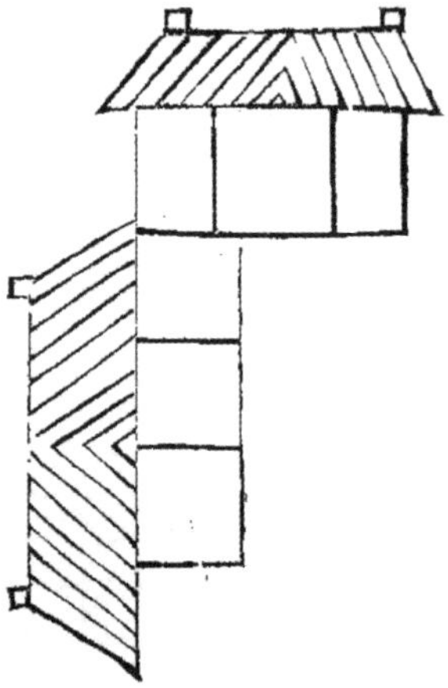

曲尺之稍指艮方　年年疾病不離床
犧牲不旺財源耗　折去屋稍便吉昌

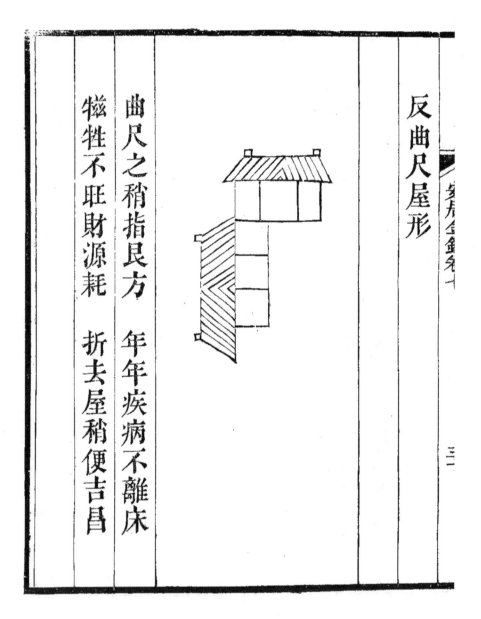

搖船屋形

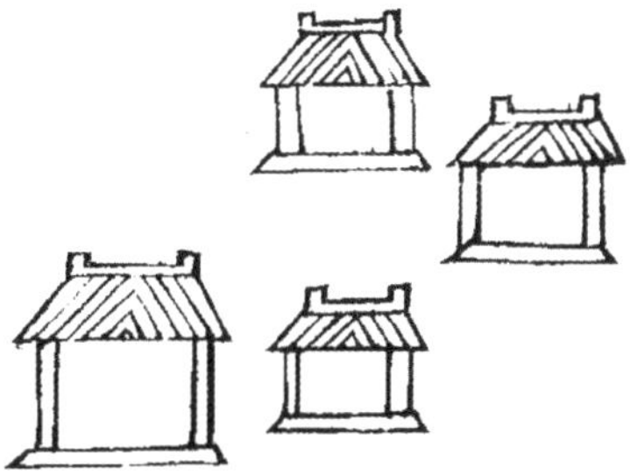

屋似船形兩櫓搖　搖來搖去使人焦

家資蕩盡難收拾　生子生孫好賭嫖

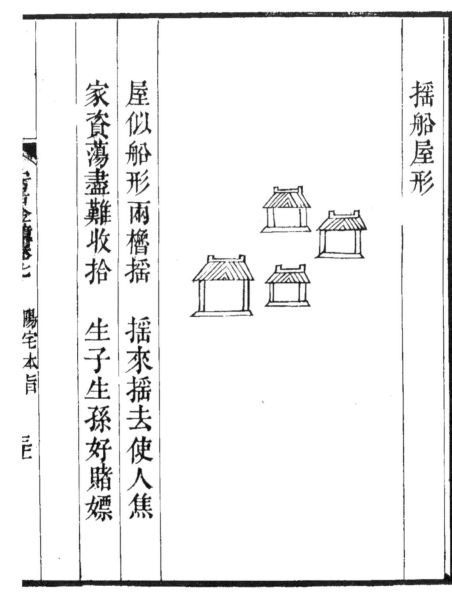

風車屋形

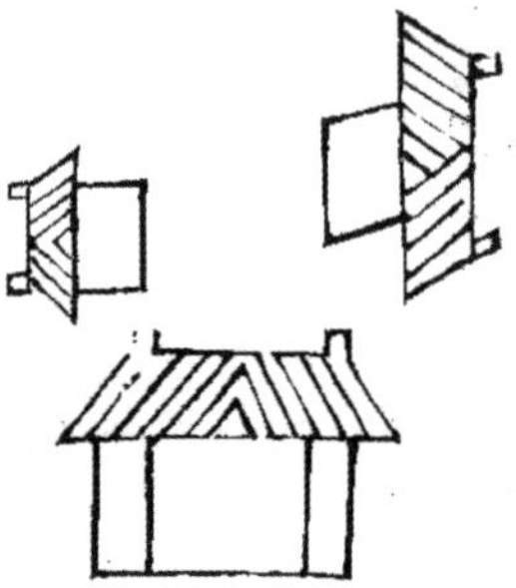

屋造風車一樣形　內邊摇出主家貧

風痨殘疾陰人帶　少年痨傷絕後人

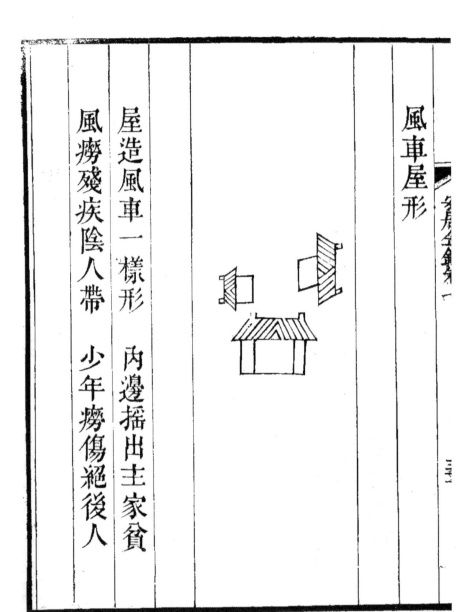

抬轎屋形

前後四廂抬轎形　抬來抬去主伶仃
家中財寶難安穩　是是非非那得寧

亡字屋形

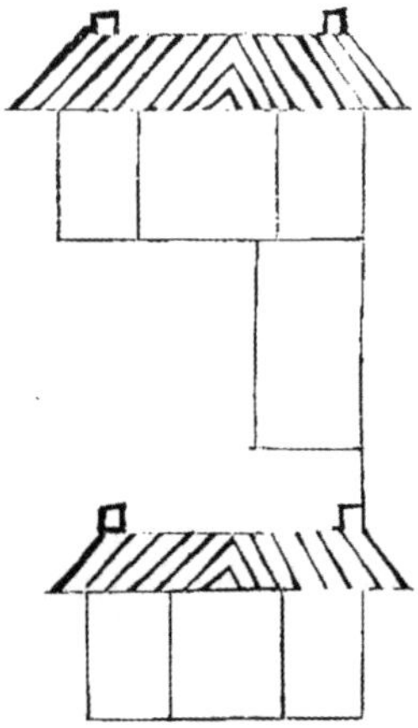

星如亡字缺生方　後矮前高那得昌

殘疾風狂傷少婦　無妻寡漢住空亡

川字屋形

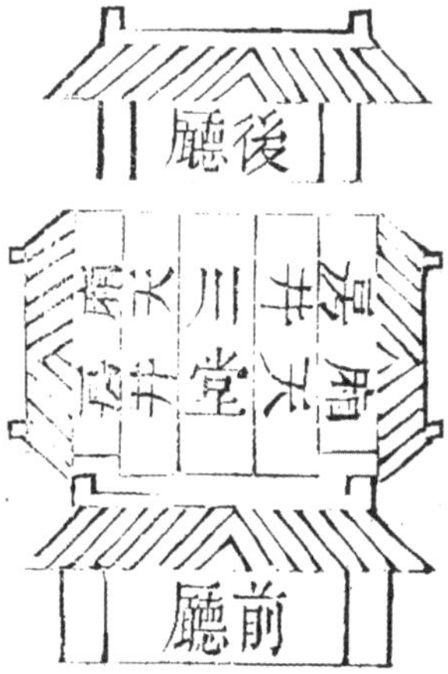

屋如川字插胸前　囊裏何曾有利錢

小户傷亡胎又墮　男孤女寡好熬煎

工字屋形

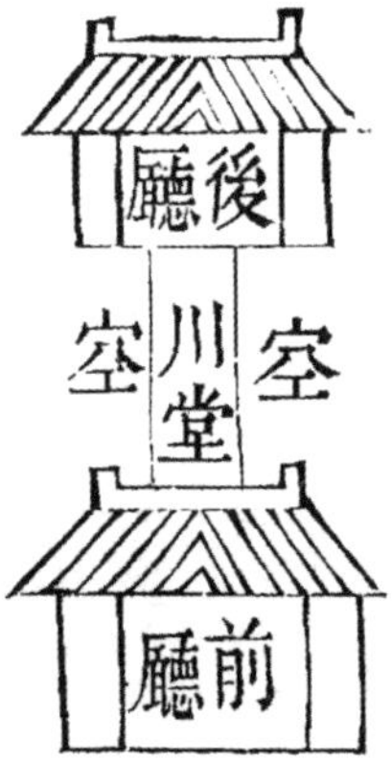

人家葢造工字屋　九歲三番聞啼哭

更有一般堪笑處　年豐尤自無餘粟

寒肩屋形

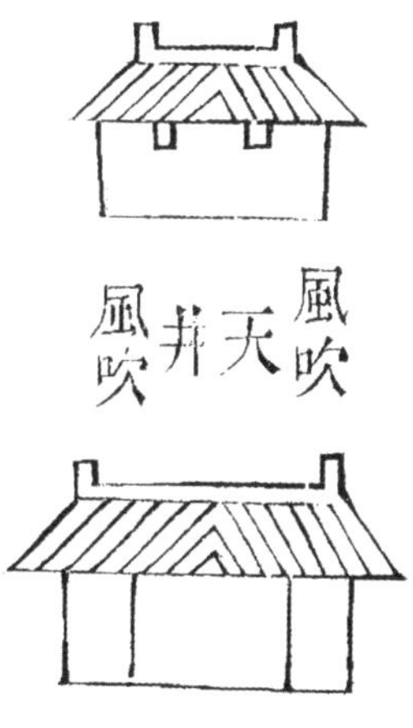

造屋前教肩上寒　肩寒歲歲禍災推

錢財漸漸湯澆雪　後代兒孫那得安

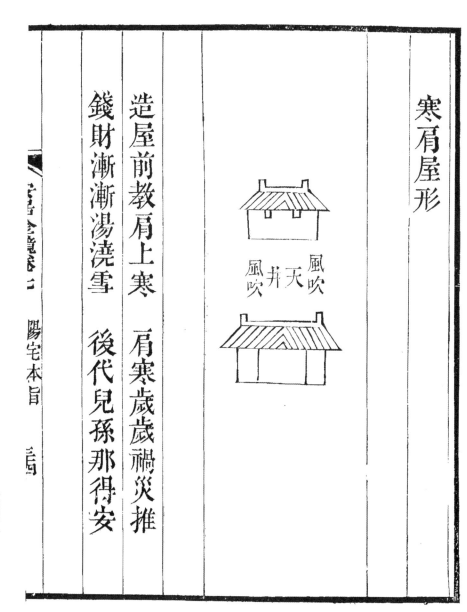

牵手屋形

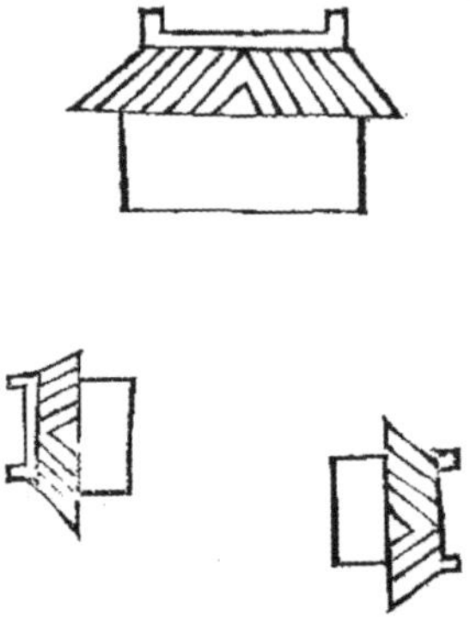

三門小屋兩邊排牵手之形歪殘疾及跏跛
不然風疾災招轉向南邊兩進便奇哉家中
少災病還許足錢財

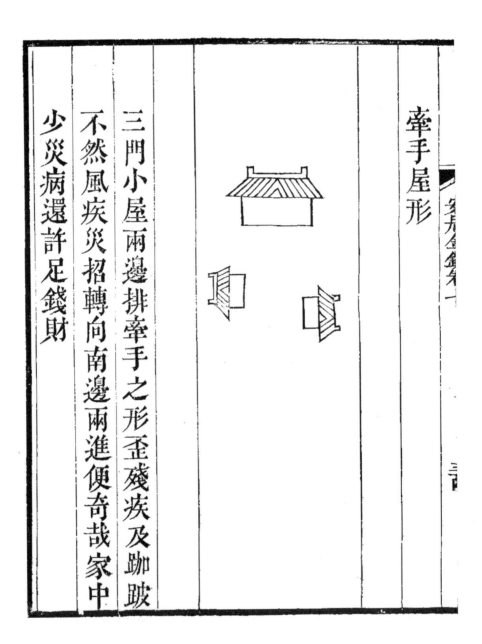

丁字屋形

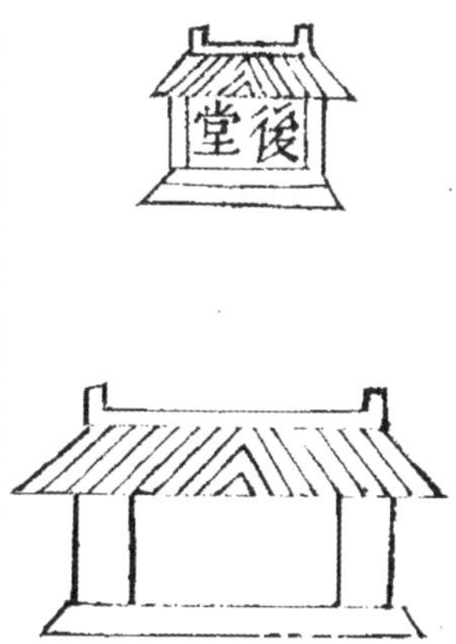

屋後川堂似丁字　九年三度催人死

背上生癰人血瘺　陰小傷亡只爲此

推車屋形

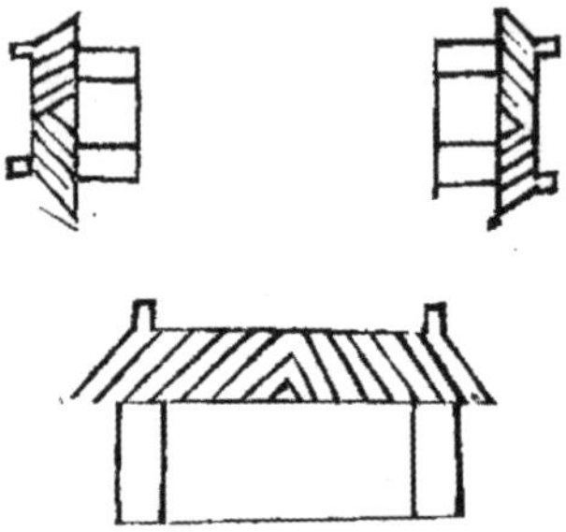

屋似推車住不牢　錢財推盡沒分毫

年年欠債何時了　拋盡妻兒往外逃

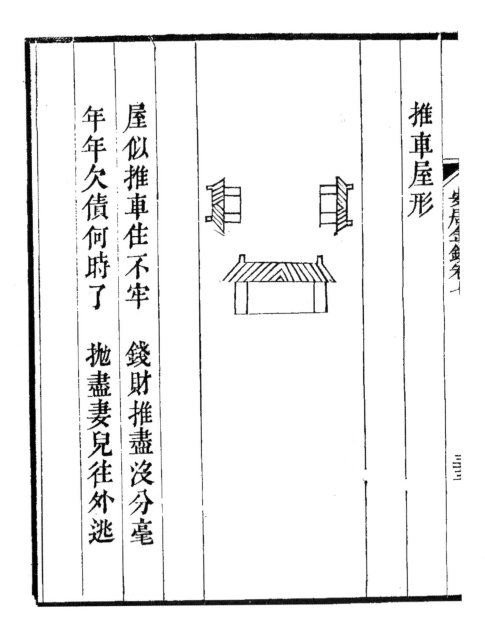

凹字屋形

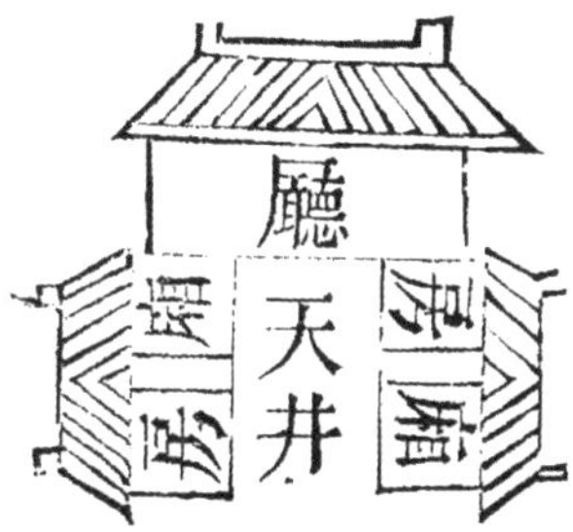

蓋造凹字屋
家中常不足急急打前墻
開門正中出救得不生災
漸漸積財谷

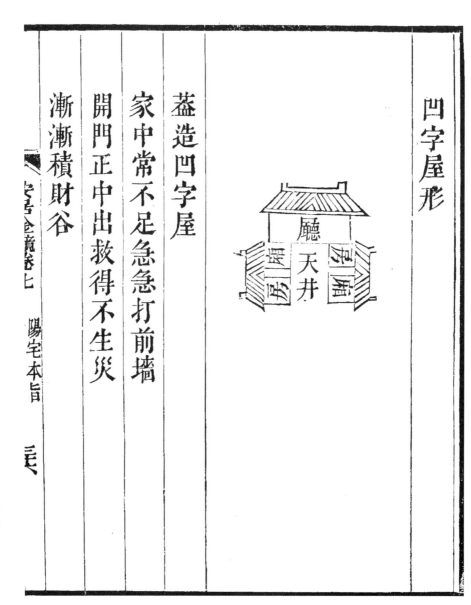

停喪屋形

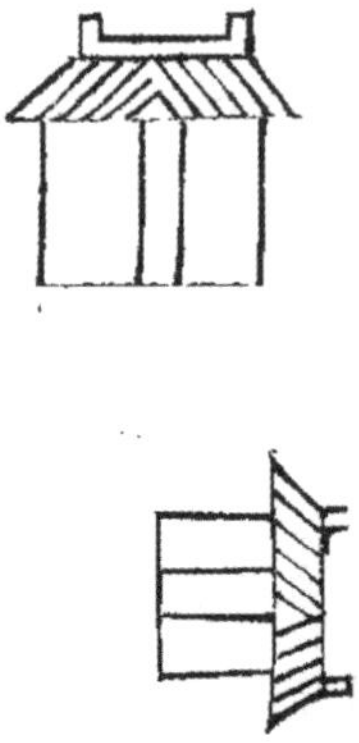

門前小屋冲在心　喚作停喪殺最真

太歲加臨催哭泣　舊喪未去又重臨

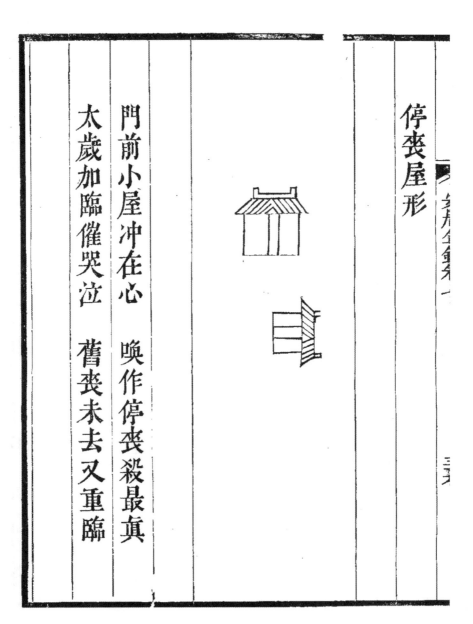

凡宅有八卦卦有九星星有三吉而門因之昔人云寧爲人立十墳毋爲人安一門人生大塊此身全在氣中一居房室未免隔別而門通出入是氣口坎離震巽爲東四宅欲修坎宅宜從震巽離三方開門修離宅宜從坎震巽開門修震宅宜從坎離巽開門修巽宅宜從震離坎開門乃合東四裝東卦若誤用西四之門則非吉宅矣乾坤艮兌爲西四宅欲修乾宅宜從坤兌艮三方開門修坤宅宜從乾兌艮開門修兌宅宜從乾坤艮開門修艮宅宜從乾兌坤開門乃合西四裝西卦如誤用東

四之門則非吉宅矣東西不犯分經又要用地支七分以門從地下行且合旺相分經如坎離震兌四正屬地支用地支七分者坎之庚子丙子離之丙午庚午震之丁卯辛卯兌之丁酉辛酉乃旺相分經方也乾坤艮巽四隅屬天干用地支七分者乾之亥丁亥分經乾之戌庚戌分經坤之未辛未分經坤之申丙申分經艮之丑辛丑分經艮之寅丙寅分經巽之辰庚辰分經巽之巳丁巳分經乃旺相分經方也又如乾之亥用丁亥加七分亥三分乾亦是地支七分又如坎之庚子七分子三分

癸亦是地支七分其餘可例推矣分經旣合而尺寸之間不合法度亦未盡善

乾兌二門濶四尺六寸高八尺八寸取金生水水生木之義

坤艮二門濶五尺高九尺取火生土之義

震巽二門濶三尺九寸高八尺九寸取木生火之義

坎離二門濶四尺二寸高八尺七寸取金木水火相生之義

尺式長九尺以合九宮八寸以合八卦五分以合

五行左奇右耦以合陰陽按法用之吉無不利

安居金鏡卷八

薛　儁理齋甫
周　南梅堂甫　仝輯

吳永年巽嶼甫鑒定　王惟諫司直甫參閱

陸　煌檀甫
金應鵠運蒼甫　仝較

陽宅眞訣

星宮生尅論出周書秘奧卽天地人三元也

宮生宮人口昌宮尅宮人口成宮生星田財進宮尅星田財亡星生宮六畜旺星尅宮六畜傷內

尅外凶猶可外尅內凶莫當外生內發福速內
生外家亦康陽尅陰女受禍陰尅陽男遭殃

論屋塔數所屬五行

十數土　十一土水　十二土火　十三土木　十四土金　十五土土　十六土水　十七土火　十八土木　十九土火　二十土土

一塔水　二塔火　三塔木　四塔金　五塔土　六塔水　七塔火　八塔木　九塔金　十塔土

凡十一塔或十二塔則除一二不算如零三四以起者方算作數屬其五行也

假如屋內絕一間則爲屬水若分作二間屬火三

屬木餘以類推

大凡論間架則正堂亦作一間算其餘前後左右或幾間也若論房數則正堂不算或有未裝隔及八行破者俱不算縱有間架而未成裝者亦不算也

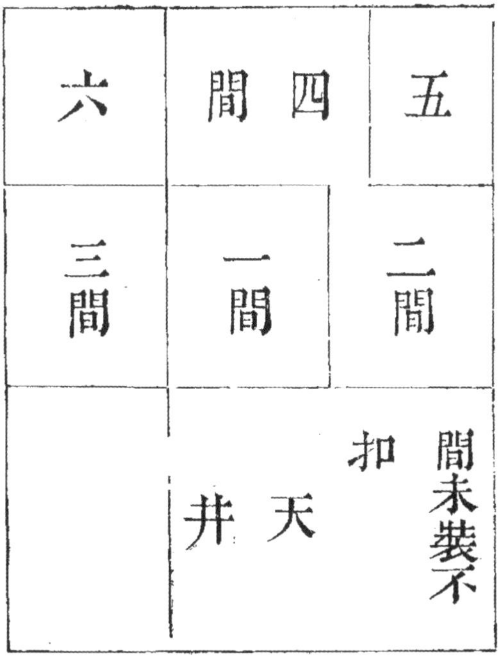
五
四間
六
二間
一間
三間
間未裝不扣
天井

此前一廂雖有間架但未成裝不數凡過導及人
行破作路或正堂之房作宅者皆不扣
凡生我者吉我生者亦吉尅我者凶我尅者亦次
凶也

論屋內間數所屬

凡一間屬水二間火三間木與塔數一班依前五行推之

假如子山午向子屬水屋作二間此之水一火二乃水火既濟初年還好若二火三火乃火太旺遇子年冲午其房必有横禍又如二水三火水尅火名曰水火戰爭不吉又如午山火也四合形屬金房裝四數亦屬金門開兌上又屬金此之金多火散不能尅金也故主無害又如卯山酉向堂作三間木也房裝八間木也門開震門

或巽門亦木也此之木盛自弱多主男人不壽須開金門以尅之火門以洩其氣而房裝水數則吉無不利又如艮向堂作五間房十此之土重則滯又曰陰陽交戰易姓房也須門開木位上吉故作屋之法要五行適均陰陽生成斯爲上乘如癸山之宅或堂作三塔水木相生也房裝十四或七數金水相生門開南離水火不相射也如此之宅乃大富貴旺人丁也其餘依此推之如艮山宜作四重四重偶數不如作九重更佳也房數如之要之屋作一横者不若一塔

二塔三塔者爲深邃故古人之宅周官之制有前廳後堂後寢之設固所以别內外遠嫌疑而實宮室之規也今之俗人烏足以語此

凡所屬五行只艮震屬木巳亥屬木餘與正五行同

五行相形

未入門時先看形看形相勢要分明五行認差生尅錯其間禍福難均評宮若尅形人不利形若尅宮財不生時師辨形無差錯便是人間聖術人

此乃是宅未裝成而言之是望門斷法也如形者宅之人形也勢如土體金體之屬也宮者以坐山而言也如艮宅坤宅是也凡屋以馬人宮是爲財如形尅宮金無財若間架尅宮是屋管事財則反旺也

金形乃武曲金形家道自然富貴如金星捲翅錢財廣積成灰

金形火宅不堪當陰人殘疾更少亡此宮尅形金水聰明家富貴因親置買外田庄金木相形雙目瞽更防田土退他邦此形尅宮兩金比和爲形宅家內陰人富怎量金土相生人大旺更兼財富子文章

夫金形宅者旁有兩廂房曰金庫不論其簷之高低均平也若倚墻而裝以兩廂樣子而內實無房者不可金形土體也如倚墻而裝而墻似廂屋突出者此又不可以土論矣如捲翅者後兩廂高過正堂也但廂低于正堂者爲美荷前

有兩廂而後亦有兩廂者曰四金相照人財大吉亦看其明堂之淺深正堂之明暗門路之方隅然後可斷其休咎也不可例以四廂言之或前是有廂一邊無廂者亦曰曲尺金形又曰金形半邊枯大不利左則左禍右則右殃也其前兩廂直而長者過正堂曰推車主冷退外死西廂高過正堂者主異姓同居如後有兩廂前無者名曰扛轎房主招盜賊如前有兩廂而後無者不爲凶也

木形貪狼木也主富貴人文昌盛如木大垂頭顛狂風疾多夭

木形金宅不堪言此宮剋形陽人多死在中年木火相生人大旺雖然發秀少莊錢木入土宮須防厄形剋宮兄弟爭傷廢田宅木見水宮人丁盛只恐出人多浮謊兩木比和田土穩女色如花自弔殞

夫木形宅者屋宇高前無兩廂如一字或堂深狹而長或橫擺而長直者皆是垂頭如頭巾樣乃無屋脊而半邊直披向前者俗謂之水燈屋大凶如震向三門亦謂之木形也

水形（水星合格錢財自進如流掃蕩水形萬頃田莊盡廢）

水形金宅最堪誇富貴榮華第一家（宮生形也）水入火宮須人旺其家必定喪妻多水見土宮損少丁（此宮剋形）錢財須有不爲榮水不相生則一進中年發迹冠城邦兩水比和爲形宅陽衰陰盛仔細評

夫水形宅者低平無樓低小正堂淺濶或堂止一間無輔而墻低高如水浪者皆以形也或濶空未裝者亦曰水掃蕩水者水山或宅一間或曰大不收拾者也凶

火形　火星拖尾人財立見災殃縱然合格敗絕久而不免

火形金宅不堪當損財又損少年郎形尅宮也火見土時家富足又兼男女壽年多火入木宮人不旺乃洩氣少年不發也伶仃火水未濟財不聚此宮尅形生人必定損雙眸兩火比和爲形宅陽盛陰衰仔細看

夫火形宅者曰山字火字中間正堂高而兩傍低或前重低中間正堂獨高而後重又低者皆火也拖尾者前面屋濶後面尖斜然傍邊斜側披洒如尾之椽也主人凶屋之前面爲朱雀火若有披洒者有椽如牙齒露出者招火光口舌

癌瘽之患也

土形　巨門土星形富貴攸而且久高低傾陷孤寡必然立招

土形金宅甚堪誇富貴榮華春似花土入水宮人不盛田宅堪堪亂似麻土入火宮生好女嫁壻巨商冠京華土形木尅最難當賣盡田園損女娘兩土比和男女少縱然富貴不久長只有土金相生好人財富足永無疆

夫土形宅者正堂均整四簷不欹而四合者是也如傍有直廊而無櫃庫者亦曰土形若上簷均平而下又有簷四方均平皆土形或簷低高

不齊及地址低高者是爲祿存土形矣主凶大

抵相形之法亦兼墻垣言之

斷曰

木星垂其頭　此木位上兩頭垂下小厦也木爲

青龍乃左也左有小厦垂下主男女離散奴僕

逃流哭星犯煞災疾無休家門不旺兼損六畜

牛羊

金星半邊枯　此金上兩頭垂下小厦也金乃白

虎西也主陰盛陽衰錢財耗散六甲鬼魁主男

女夭亡人口妻子不利

火星垂其翅　此火上兩頭垂下小廈也朱雀屬火前小屋主人口紛紜居家不利奴僕逃亡及父子不睦常見火光官事無休

水星拽其尾　此後元武水位上垂下小廈也人生不孝道不昌災迍不已小口災六畜自死盜賊常侵之患

木火舉其頭　此火木位上舊有小堂也主田蚕六畜不利爲官退職多疾離散合不利

單耳房說　凡堂屋東頭接小屋反向也主大小不安咳嗽血光瘖疾黃腫傷畜退散

孤寡房斷　此堂屋兩頭接小屋也主家人大小不利此言不可接屋做屋如一時同造無碍

伶仃房　此舊房多年不葢是也主人口不安血光災疾宜速補之吉

單側房　此堂屋東頭靠也東南有屋也兩頭有者名雙側房主口舌災禍破財

暗算房　此南北兩間山頭頂兩房簷也主破財口舌盜賊是非若屋脊射堂房宜速折

拽尾房　此舊房左右前後接新椽是也主不旺于子孫

露骨房　此屋脊兩頭露出骨也主刑耗人以大

截之吉

厰屋房　此起而不苫蓋也主病疾急宜蓋之吉

露肘房　此屋之四角不齊蓋合也主陰人疾小

口災病少亡

孤陽房　此止一座堂前後無别屋也有兩屋相

合吉主敗孤寡陰人小口不利也

癱瘓房　此將房拆一半留一半曰癱瘓陽屋男

必殃陰屋女必患

工字房　前後正房中間作一直路主先富後貧

官非口舌爲直舍也

臓脹房　此火位金房主陰旺陽衰水土屋吉

自縊房　遠望人家內笑天獅子者自縊左右前後面墻尖斜者亦自縊也

投河房　遠見人家屋角低陷或欹側主有投河落水之厄

大凡屋形嚴如壁立凛然而不敢犯者此貴宅也高下濶狹得宜端靜不動者此富也屋上加屋歪東歪西勢如奔競以此不和屋也門樓倒損棟柱朽腐此貧宅也有左無右曲尺欺堂乃孤

陽宅也屋瓦破碎捲頭露齒伶仃宅也又云有東無西家無老妻有西無東家無長公相形之法庶無遺矣

陽宅規範

凡屋有左有右有左添出頭之小房必無後住之人可急去之與左右均均齊裝兩無雌雄之相方可如右邊白虎出頭欺堂家主不壽女主寡遷移退開五尺遠可無虞相連不可如門門得位明堂方正亦正發財要緊折去白虎邊小房將起裝作房而堂前修得方正其左邊房可除則除之加則取齊橫則不可山向山家相生者旺相尅者而凶不免矣

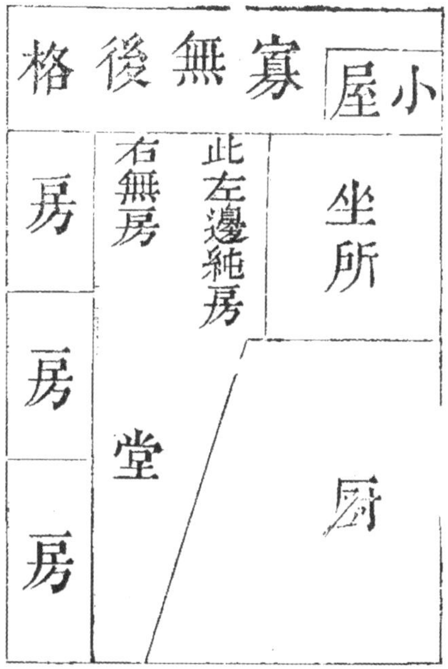
寡無後格
小屋
坐所
此左邊純房
右無房
房
房
房
堂
厨

世代寡婦格

房　房

此純陰之堂宅

此右邊純房

房　房　廚　厠

此宅有右無左書云左主夫右主婦右有房左邊無定主中年必喪夫縱然一代家豪富後代兒孫半個無修方者急宜折去左右要相當山家相協而堂方整墻圍不缺陷者倘有尖斜之處削去作廁猪欄使左右屋廡均勻四方均正可免此患也

婦人跛足少亡格

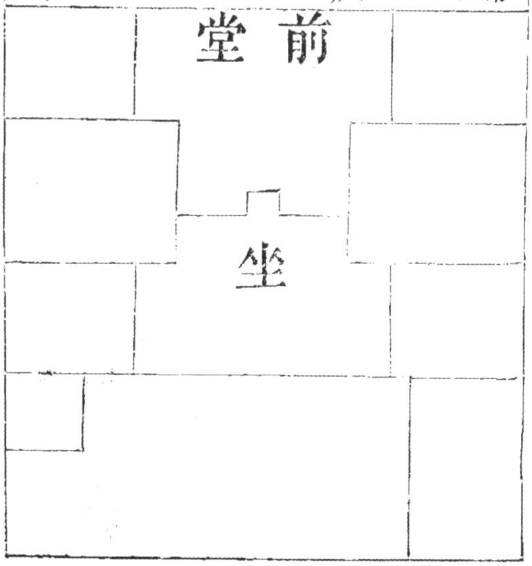

凡造屋而後堂右邊又加長屋不拘猪欄廚厠主陰人手足殘疾難產而亡若披長簷主婦浮黃而死可急去之不然高墻隔之吉大概此格不止傷人又且退敗蓋後兩廂長過正房謂之扛轎主冷退二代後無人住宜當從中央隔斷另作一所則吉

八亡財散格

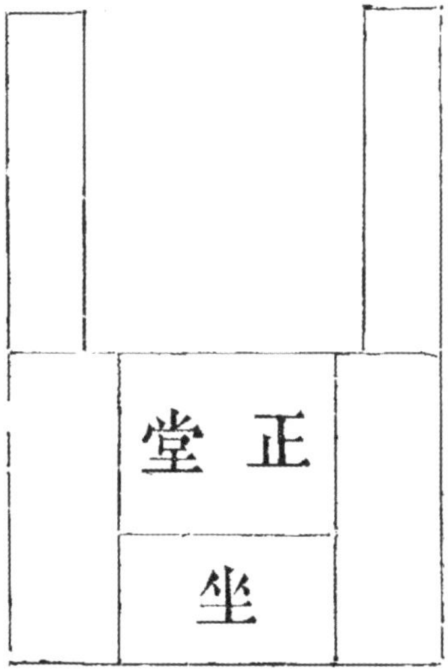

凡面前兩廂大長者爲推車屋初年主發財久後必退敗宜截去作四合樣造使房山配合縱無龍脉亦主發四十年及至取得天醫生炁延年之上亦可以發福無窮也不然自取敗亡之兆也

癆疾少亡格

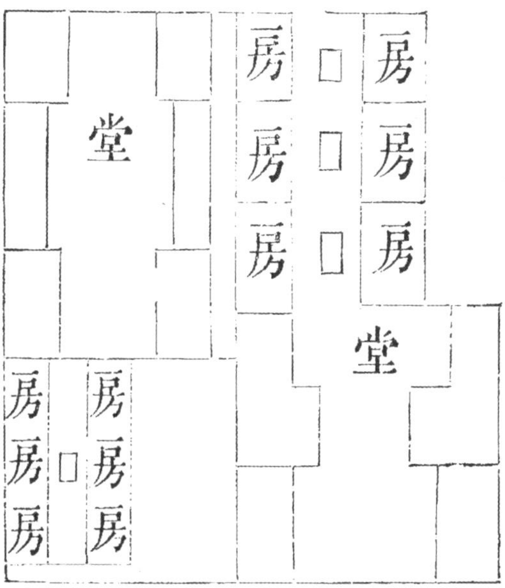

凡造正堂外從屋不拘前後左右俱要拱正堂者隹如左雄右空而背堂向者名曰白虎半邊枯主男癆疾夭壽宜急中央房爲堂令與堂向一班開門兩頭作四合之宅即便取人財兩旺可免此患也

二代伶仃之格

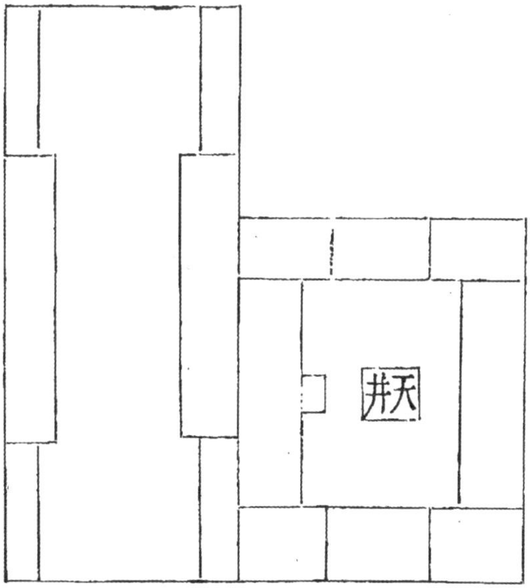

其房有右無左云右爲陰若無堂則純陰矣主不旺人必折中央之房作兩廂令立門戶以通正屋爲美不然不惟不旺人財而弔縊不免矣大凡造屋右勝左多出寡母左勝右多主孤寒而左有正屋高樓臺或墻高起尉小屋中堂多主自敗離鄉假如左有屋以客裝房上下無堂左陽重妻且不旺左右相同人財大旺

此有右無左有左無右二格修法同

被人打死格　人命扳扯格

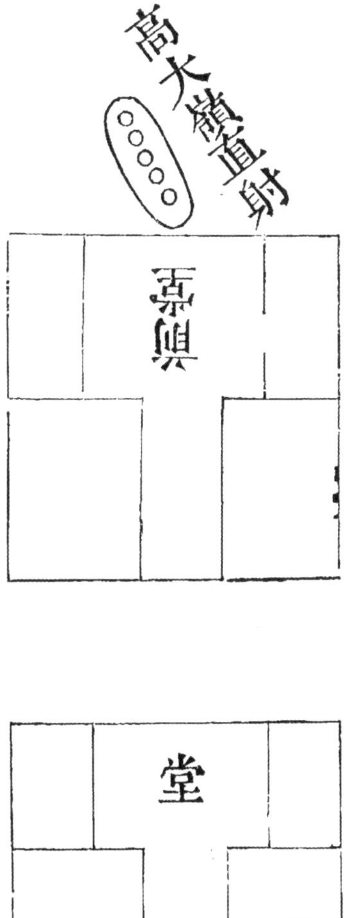

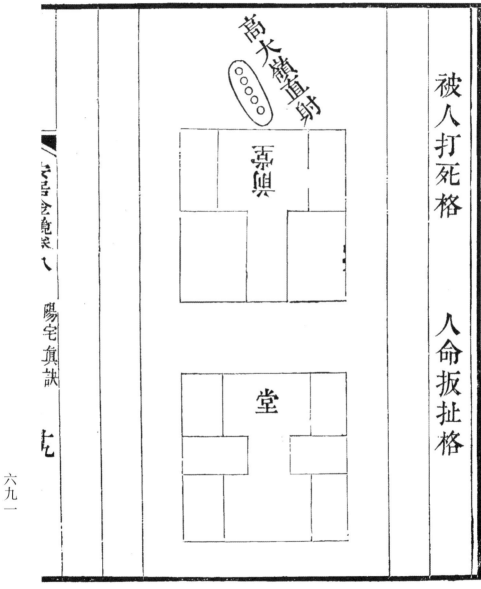

八家屋脊射堂

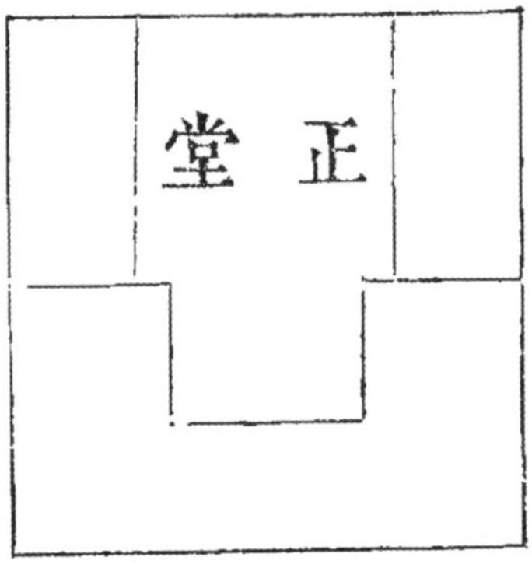

凡造屋如面前有高大嶺巷直射正堂者主十數年後被人打傷之患若無墻垣蔽隔者即見此驗急宜折去轉正作一層房可免此患也或移正堂在後而前面作厕厨舍亦可又有我宅既成而他人家屋上獸頭射堂又有起小屋或人字水具梁脊射我中堂者其家須不被人打傷亦有牽連之患或急用高墻蔽之大門亦不宜見此凶砂則吉

目疾弔縊格

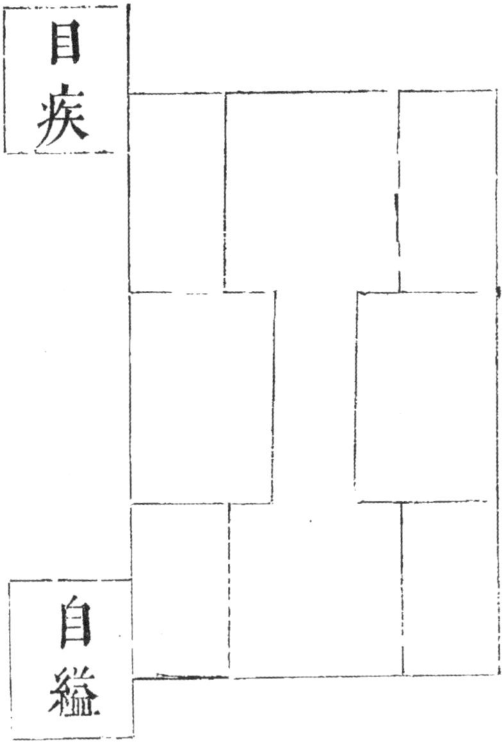

挍河自縊格

河挍

挍河

自縊

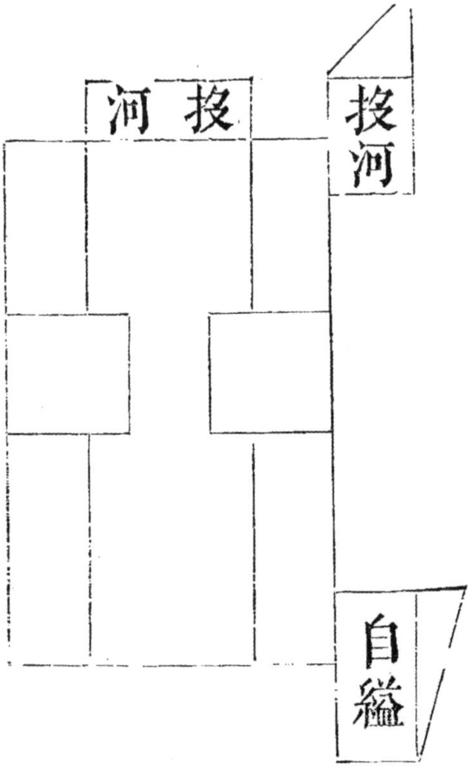

凡屋不可接屋造屋如正堂居之吉矣或有餘地卽便接屋更不別立門戶則正堂亦因之破格故脩法有尖角卽去之各立門戶墻垣側門便門以通正堂可也不然右邊主婢子自縊而陰人亦癆厄也

如基地方正而人有帶目疾者因前小屋扁而方象土體後屋長象木體而大屋之前後有兩廂則屬金金尅木主自縊木尅土主目疾如前屋小長亦屬木亦主目疾如有走道吉不必修改可也

瞽目格

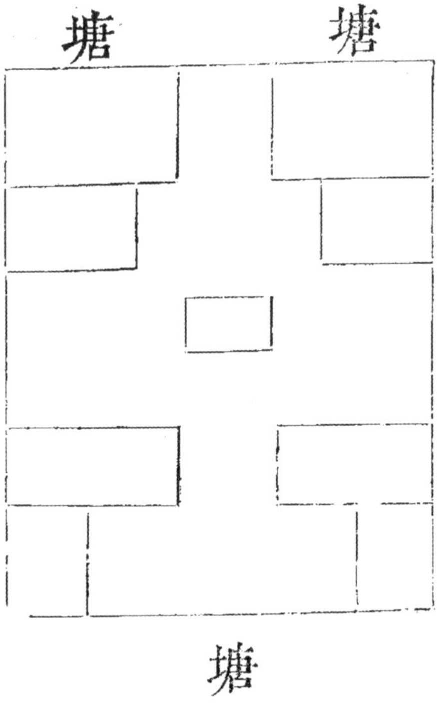

難產格

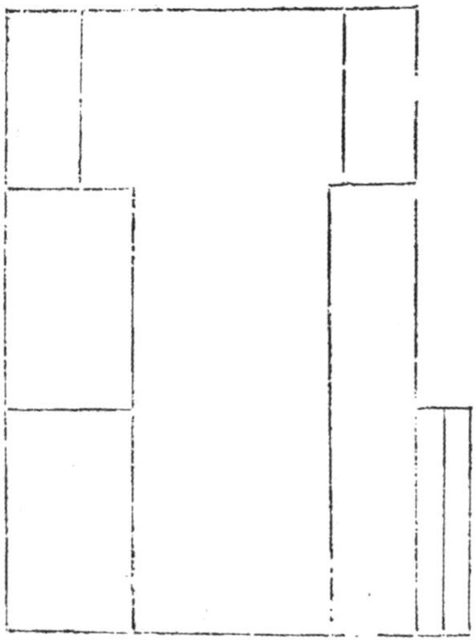

假如地正屋作巨門星吉矣如使前後左右有塘則土水尅水也左主男瞎眼右主陰人少亡三代後人丁不旺寒之吉前門塘似猪肚樣女子偷和尚若之上者主瘟癀落水絕嗣之患

凡屋作曲尺則爲木形後有曲尺主陰人足疾前有小屋獨高正屋者主婦人產難急宜去之則居左邊住者無此厄也門前兩塘爲哭字如水清潔略可經云前塘與後塘寡母受災殃

心痛淫佚格

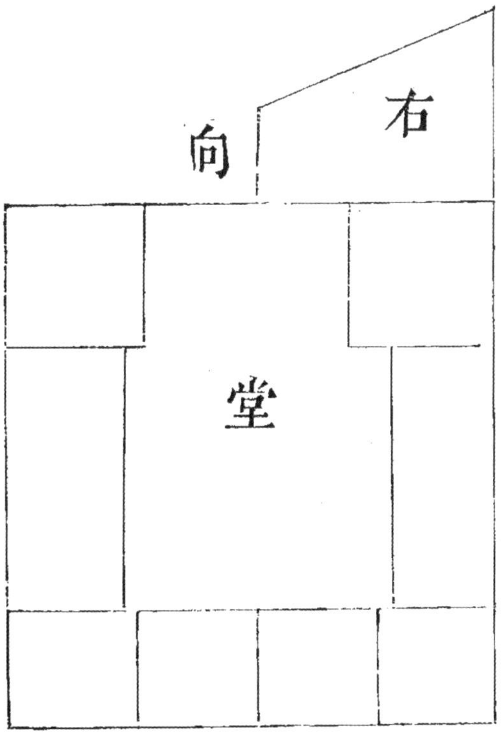

目疾淫佚格

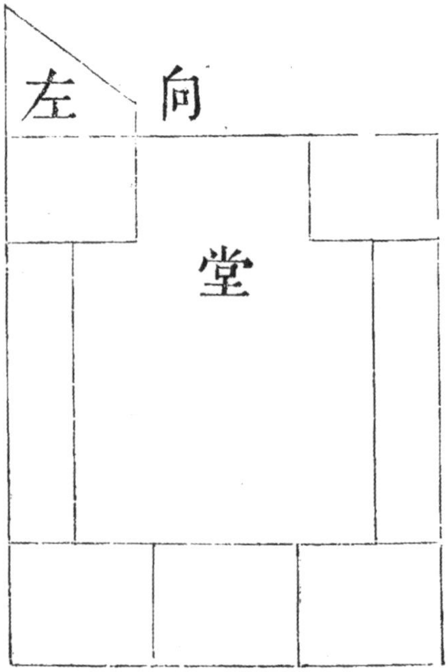

凡破軍金形多主陰人淫佚破蕩右邊屋有尖斜角者主室女淫佚左邊尖斜角者址地造屋欺宅射堂上者主媳婦淫佚如自家之宅可以去之若他人之宅急砌墻以蔽之或在門側亦不吉亦宜修之吉不然二代後有離鄉外走而死寡婦常招疾病

少亡癆病格

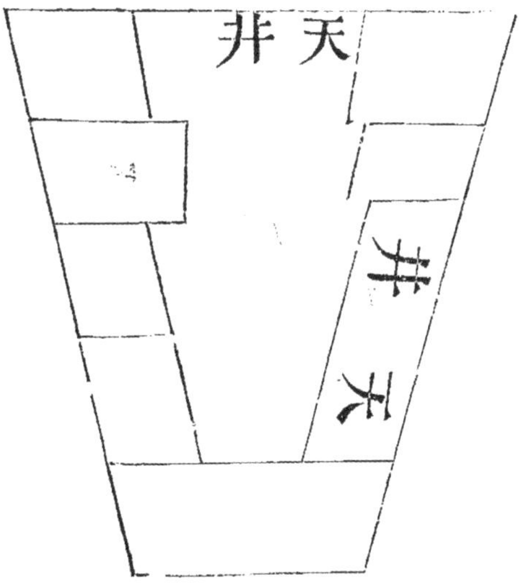

廉貞火星形

凡前濶後尖屋已亡矣而右邊又開一天井主初代男子癆厄二代陰人自縊急將此前堂屋墻隔之而後又作一塔各立門戸可免

八命破財格

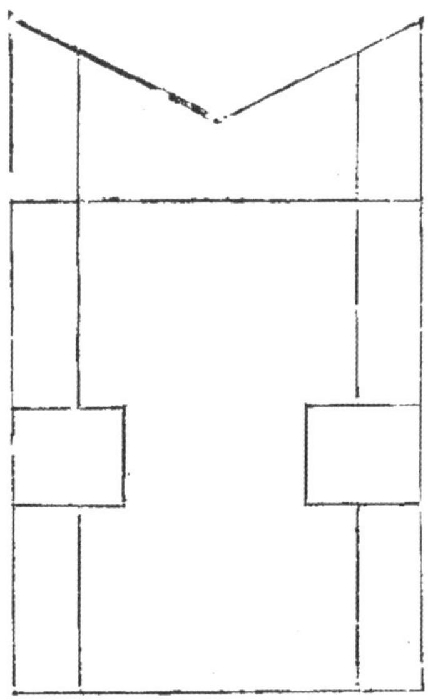

廉貞火星形

凡造屋地不整者當削去尖以作餘屋卽吉不然不吉破家之患又主家長中風而亡二三代之後化爲鬼房矣

埋兒煞格

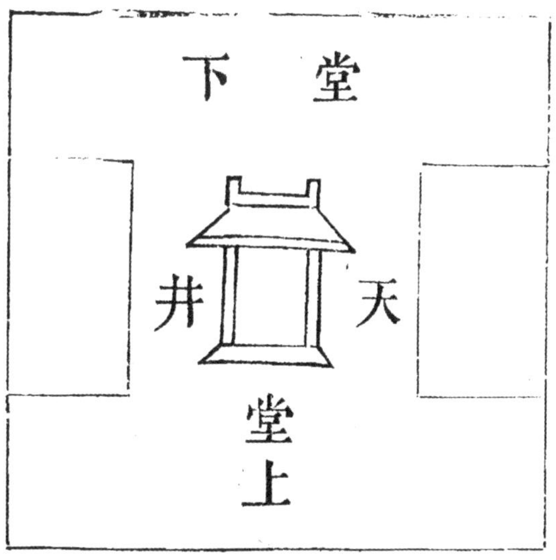

凡宅形如氣字乃上格也名曰四金相照乃富貴宅但天井內不宜做小屋坎蔽天心主小兒難育人多外亡急拆去之將行道上平低四寸上下堂階石高些使心胸廣濶主大吉大利也

工字埋兒格

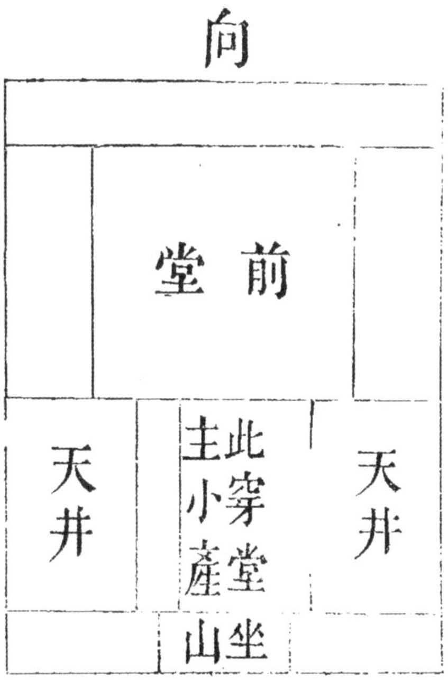

凡工字屋形以行道上作小屋直射正堂之後必主初代略平財亦不旺至後有人命破財人丁少此後卽俗謂之直舍也惟衙門公堂可以作此式但住宅不可作也

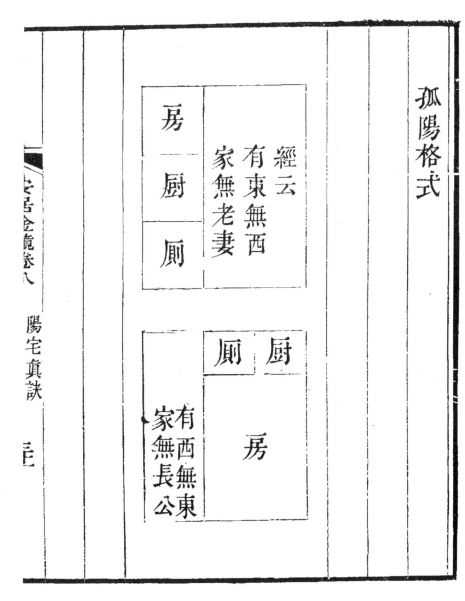

孤陽格式

經云
有東無西
家無老妻

房
廚
厠

廚
厠
房

有西無東
家無長公

敗絕格

厨	厨	厨
房	房	房

凡三間之宅乃木也木生于東在東上住者仍生一子斷然無財在西邊居者人財兩空中間住生女損妻殘疾之患

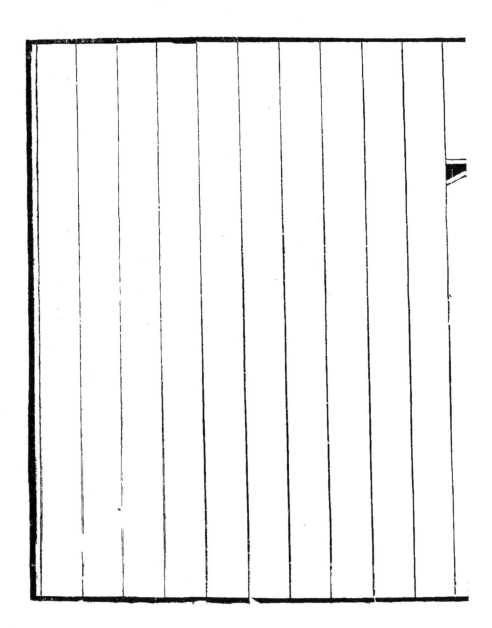

ISBN 978-7-5010-8503-3
9 787501 085033 >
定價：260.00圓（全二册）